Nur ein paar Stündchen

Nix wie raus, ganz schnell ins Grüne. Auch mit wenig Zeit lässt sich Großartiges erleben. Kleine und große Abenteuer warten direkt vor der Haustür.

4H

Raus für einen Tag

Man muss nicht das Land verlassen, um neue Welten zu entdecken. Einfach mal einen Tag lang raus aus dem Alltagsallerlei und rein in die Natur.

12H

Ferien für ein Wochenende

Warum auf die große Auszeit warten, wenn man einen Wochenendtrip in der Nähe machen kann? Vergnügen, Abenteuer und Wohlgefühl kompakt und intensiv.

36H

LIEBE LESERIN,
LIEBER LESER,

bekanntlich ziehen sich Gegensätze ja an: Weite Streuobstwiesen und Felder in der Wetterau treffen im Osten auf den hügelig rauen Vogelsberg, wo Basaltstein an eine Welt vor Millionen von Jahren erinnert, als die Gegend noch voller aktiver Vulkane war. Das Verbindungsstück zwischen den beiden Regionen schafft im Nordwesten das Gießener Land, wo die Lahn immer wieder ans Wasser lockt.

Zwischen zahlreichen malerischen Fachwerkstädtchen, bunten Wildblumenwiesen, und zutraulichen Schafsherden gibt's hier in jedem Winkel etwas zu entdecken. Drum: Schuhe an, Rucksack schultern und auf in die Natur – bei Wind und Wetter, zu jeder Jahreszeit.

Viele wunderbare Eskapaden in und um Wetterau und Vogelsberg wünscht Ihnen, dir und euch

Sandra Katue

PS: Informationen zum GPX-Download gibt's auf Seite 224.

AUSZEIT.
ABENTEUER.
LEBENSFREUDE.

1. KAPITEL
ABSTECHER

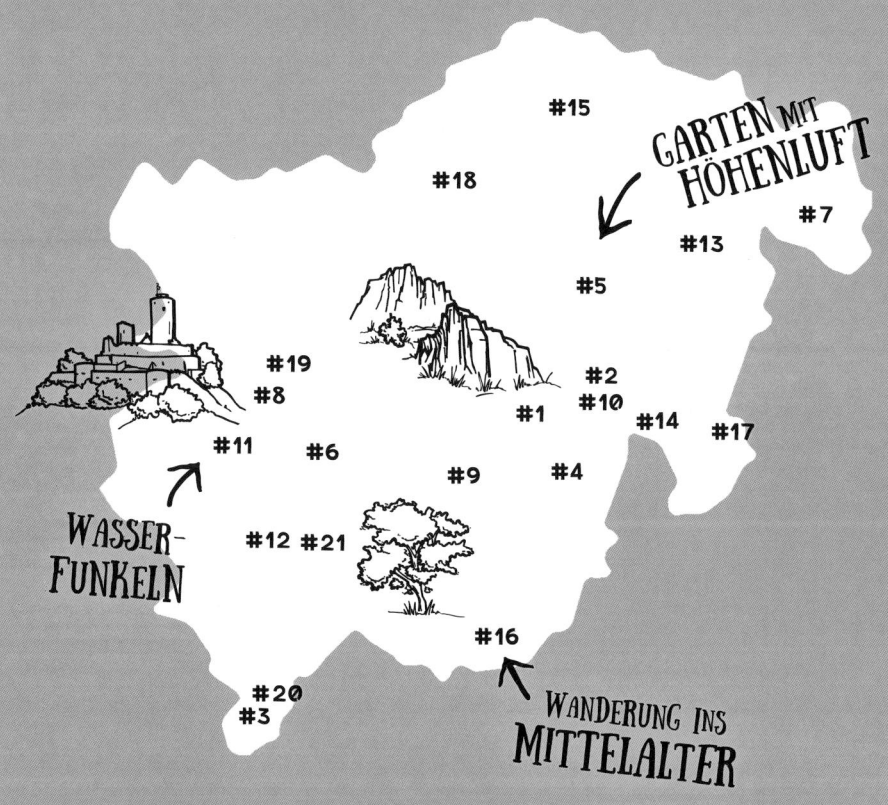

#15

#18

GARTEN MIT
HÖHENLUFT

#7

#13

#5

#19

#8

#2
#10

#1

#14

#17

#11

#6

#9

#4

WASSER-
FUNKELN

#12 #21

#16

#20
#3

WANDERUNG INS
MITTELALTER

Nur ein paar Stündchen

Auf Klippen klettern und ans Wasser strömen, Geschichte erkunden und Legenden jagen – kleine Auszeiten vom Alltag warten an jeder Ecke.

UNTER RIESEN

﹥ ... an den Mammutbäumen in Schotten ﹤

#1 *Sich einmal ganz klein fühlen ...*
In Schotten sorgen dafür nicht nur die
umliegenden Hochlagen des Vogelsbergs
und der große Niddastausee, sondern
unweit vom Ufer auch einige Bäume, die
Urwaldfeeling verströmen. Zeit für eine
Runde Walderkundung.

Was man als Fan von Städtetrips gerne mal vergisst: Fürs perfekte Sightseeing-Erlebnis braucht es weder Museen noch Opernhäuser. Und Städtetrubel schon gar nicht. Sehenswürdigkeiten in der freien Wildbahn sind dadurch zu erkennen, dass sie oft genau da warten, wo man am wenigsten mit ihnen rechnet und wo sie sich gar in der Masse der Naturphänomene verstecken. Selbst bei einer Höhe von weit über 30 Metern. Und tatsächlich ist die Suche nach ihnen das eigentliche Abenteuer.

Dass sich die gigantischen Mammutbäume erst aus der Nähe zeigen, ist dem Gelände geschuldet. Umgeben vom großen Forstgebiet folgt man mehr den Schildern als den alles überragenden Wipfeln bis zur Lichtung, auf der ein über hundert Jahre alter Baum –

der größte der Schottener Mammutbäume – die ganze Aufmerksamkeit erst mal gen Himmel zieht.

Aus heutiger Sicht unvorstellbar ist die Tatsache, dass der Riesenmammutbaum 1900 noch als winzige Jungpflanze vom Förster Carl Schott zur Geburt seines Sohnes hier angepflanzt wurde. Vorher stand sie im Bota-

Hin & weg: Mit dem Auto zum Wanderparkplatz südlich des Stausees, Bus bis zur Niddatalsperre.

Beste Zeit: Von März bis Mai, wenn die Natur gerade wieder erwacht ist.

Dauer & Strecke: 1,5 Std., ca. 3,5 km.

Ausrüstung: Proviant für ein Picknick am Fuße des Riesen.

Im Vergleich zu den ältesten bekannten Mammutbäumen, die knapp 3000 Jahre alt sind, sind die
Schottener Bäume nicht mal Teenager.

nischen Garten Gießen und kam ursprünglich
als Samen aus den Höhenlagen der Sierra Ne-
vada an der amerikanischen Westküste über
einen Sammler nach Deutschland.

Die Maße des Riesen beeindrucken mit einer
Höhe von mehr als 35 Metern sowie einem
Durchmesser von über 14 Metern in der Krone und knapp 2,5 Metern am Stamm. Neben
seinem größten bekannten Vorfahren, dem
2000 Jahre alten General Sherman Tree im ka-
lifornischen Nationalpark Sequoia mit knapp
84 Metern Höhe würde er wohl wirken wie ein
Zwerg – vor Ort allerdings bleibt dieses Gefühl
nur einem selbst überlassen.

Am Fuße des Mammutbaums angekommen,
gibt's zunächst eine Stärkung an dem perfekt
gelegenen hölzernen Campingtisch im Schatten seiner Krone. Viel näher ran kann man an
den Baum aktuell nicht, denn Witterungsschä-
den und Dürre sorgen dafür, dass das zustän-
dige Forstamt lieber zur Vorsicht aufruft. Der
Umfangtest geht dafür umso besser an einem
seiner etwas kleineren Nachbarn unweit des
Heller-Häuschens direkt am Waldweg, die im-

merhin schon auf bis zu 1,50 Meter Stamm-
durchmesser kommen. Na, wie viele Arme
passen rum?

**FAZIT: WENN MAN HIER KEINE LUST
BEKOMMT, BÄUME ZU UMARMEN, DANN
WOHL NIRGENDS.**

KEINE ZEIT FÜR HÖHEN- ANGST

⟩ … auf dem Baumkronenpfad Hoherodskopf ⟨

 # 2

Es schaukelt und knirscht, klappert und raschelt. Und wenn man erst die Angst vor der Höhe abgelegt und festgestellt hat, dass die vielen Hängebrücken und Plattformen wirklich sicher sind, kann man sich voll konzentrieren auf den fantastischen Ausblick, der hinter den Ästen und Zweigen wartet.

Wer möchte, kann gegen Ende des Rundgangs die Hängebrücken noch gegen Erlebnisbrücken austauschen, wo Herausforderungen wie Netzboden und kleine Kletterpartien warten.

milien und Senioren zu erklimmen, der andere erfordert ein bisschen Trittsicherheit entlang der Wurzeln und Basaltsteine des zweithöchsten Vogelsberggipfels. Dann geht es erst über hölzerne Stege von Plattform zu Plattform, bis sich irgendwann zwischen den Plateaus Hängebrücken spannen – die längste über eine Strecke von 50 Metern. Bis zu 15 Meter vom Boden entfernt spaziert man auf ihnen durch Baumkronen. Für Höhenangst ist jetzt wirklich der schlechteste Zeitpunkt.

Was den Pfad, der über einen halben Kilometer durch die Baumwipfel führt, so einzigartig macht, ist seine Konstruktion. Statt einer Verbindung zum Boden über Holz- und Stahlgerüste, sorgen nur die massiven Baumstämme für Erdung. Die Plateaus sind quasi als Baumhäuser in die Kronen eingelassen, die Hängebrücken ziehen sich von Stamm zu Stamm und mitten durch den herrlichen Wald, der hier auf dem Hoherodskopf noch so richtig schön wild ist. Mit diesem Konzept sind die Macher der Anlage die Ersten in ganz Europa, Vorbilder gab es zum Beispiel in Malaysia und Ghana.

Gegen Ende des Pfads bietet sich dann doch mal die Möglichkeit, am Waldrand einen Blick

Es braucht schon ein überdimensioniertes Vogelnest für die Erkenntnis, was es für ein Privileg ist, hier oben zu stehen. So nah an der Natur, quasi vorm Wohnzimmer der Vögel und Eichhörnchen, die hier leben. Von den süßen Heidschnucken, die kurz vor dem Einstieg zum Labyrinth aus Hängebrücken und Plattformen vor ihrem Stall stehen und mit den Besuchern auf Tuchfühlung gehen, ganz zu schweigen … Das gigantische nachgebaute Nest dient als Umrandung von einer der Plattformen und versetzt den Abenteurer mithilfe von Infotafeln über das Brutverhalten heimischer Arten mit etwas Fantasie in eine Vogelperspektive der anderen Art.

Zum Einstieg in den Baumkronenpfad führen zwei Wege: Einer ist leicht und auch gut für Fa-

Hin & weg: Mit dem Auto oder Bus zum Erlebnisberg Hoherodskopf.

Beste Zeit: Ab April. Öffnungszeiten und Preise: www.baumkronenpfad.de

Dauer: 1 Std. zum Entdecken, beliebig verlängerbar.

Ausrüstung: Wetterfeste Kleidung und gute Schuhe.

Kilometerweise dicke Stahlseile sind nötig, um den Spaziergang unters dichte Laubdach des Waldes zu verlegen.

nach draußen zu erhaschen. Hinter weiten Lichtungen und Mischwäldern, die sich wie Farbtupfer in der Landschaft zeigen, gibt's eine herrliche Aussicht auf ein Meer aus Hügeln, bevor es über die letzten Brücken zurück Richtung Ausgang geht.

Noch nicht genug vom Abenteuer? In direkter Nachbarschaft warten Kletterwald, Sommerrodelbahn, Adventure-Minigolf und zahllose Einstiege in herrliche Wanderungen. Wer danach noch Brotzeit machen und lokale Spezia-

litäten einkaufen will, sollte direkt nebenan im Café Baumhaus (www.vulkanbaecker-haas.de > Filialen & Cafés) vorbeischauen.

FAZIT: ES GIBT PERSPEKTIVWECHSEL, DURCH DIE SIEHT MAN DIE NATUR PLÖTZLICH IN GANZ NEUEM LICHT.

17

STADT AM WASSER

... Spaziergang zur Wasserburg Bad Vilbel

Die Kurstadt Bad Vilbel trägt seit Jahrhunderten den Beinamen Stadt der Quellen. Da ist es nicht verwunderlich, dass sich mittelalterliche Ritter inmitten der heutigen Stadt ein Wasserschloss erbauten. Direkt nebenan schlängelt sich die Nidda, und wer ihr nicht folgt, verpasst etwas.

#hörstdusplätschern #immerderNiddanach #Geschichteerleben

Es gibt kaum eine Stadt in Deutschland, in der sich alles so sehr ums Wasser dreht wie hier.

Kurstadt, Teil des Speckgürtels der Main-metropole Frankfurt, heimliche Hauptstadt der Wetterau – Bad Vilbel ist eine ganze Men-ge, aber zuallererst Stadt der Quellen und damit in jeder Zelle ihrer DNA vom Wasser geprägt. Und das seit frühester Geschichte, denn es ist nachgewiesen, dass schon vor Jahrhunderten Stämme wie Römer und Kelten entlang der Nidda siedelten.

Der Spaziergang durch die Stadt startet am Bahnhof Bad Vilbel Süd, der von der S-Bahn aus Richtung Friedberg und Frankfurt ange-fahren wird und ganz in der Nähe des Kurparks liegt. Von hier aus lässt sich die Nidda schon erahnen, unterwegs plätschern Fontänen über einen der zahlreichen Kreisel der Innenstadt. Der Weg am Fluss führt in Schlangenlinien di-rekt zum ersten Andenken in die Römerzeit:

Ein Pavillon enthält an der Stelle, wo im 19. Jahrhundert beim Bau der Bahntrasse Reste einer römischen Thermenanlage gefunden wurden, eine von Wasser umspülte Nachbildung des kunstvollen Mosaiks, die Passanten hinter der Glasscheibe erspähen können.

Nur wenige Schritte entfernt, sprudelt der Hassia-Sprudel-Trinkbrunnen, im Kurpark dann der Römerbrunnen – zwei Beispiele dafür, welche Rollen sowohl Trink- als auch Heilwasser für die Stadt spielen. Hassia selbst produziert hier seit den 1860er-Jahren, für seine besondere Qualität bekannt war das Vilbeler Wasser aber schon Jahrhunderte vorher.

Wer mag, überquert auf Höhe des Römerbrunnens für einen Abstecher kurz die Nidda zum historischen Marktplatz mit Fachwerkhäusern und, wie sollte es anders sein, bronzenem Brunnendenkmal. Im dahinter liegenden alten Rathaus ist das Brunnenmuseum zu Hause. Zurück am nördlichen Niddaufer führt der Weg vorbei an der Ruine der stolzen Wasserburg, die im 12. und 13. Jahrhundert von Vilbeler Adeligen erbaut, zwischendurch erneuert

Hin & weg: Mit der S-Bahn von Friedberg oder Frankfurt aus zum Bahnhof Bad Vilbel Süd; zurück geht's entweder von hier oder dem Bad Vilbeler Bahnhof.

Beste Zeit: Ab April/Mai.

Dauer & Strecke: 1,5 Std. schlendern, 3 km.

Ausrüstung: Picknickdecke und Proviant. Gelegenheiten zum Seele-baumeln-lassen gibt's unterwegs genug.

Die Heilquellen sind der Grund, warum Vilbel 1948 zum Kurort ernannt wurde. Am Tempel im Kurpark kann man an einer Trinkstelle das Heilwasser probieren.

und Ende des 18. Jahrhunderts zerstört wurde. Schön anzusehen ist sie heute dennoch, vor allem wenn die Rosen langsam aufblühen und die Sonnenstrahlen in den Wassertropfen plätschernder Fontänen funkeln. Und die bekannten Burgfestspiele locken jeden Sommer Kulturfans in die Burg, deren Wassergraben dann mittels Stegen überschritten werden kann. Wer hier nicht direkt die Picknickdecke aufschlagen will, möchte sich vielleicht stattdessen in der herrlich gemütlichen veganen

Café-Bar Apfelkern und Kolibri stärken, die an der südlichen Seite der Nidda in der Vilbeler Innenstadt liegt.

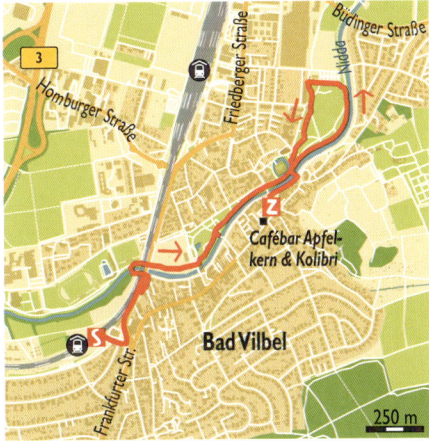

FAZIT: KAUM ZU GLAUBEN, WELCHEN GROßEN EINFLUSS ETWAS SO ALLTÄGLICHES WIE WASSER AUF JAHRHUNDERTE VON STADTENTWICKLUNG HABEN KANN.

DER NATUR HULDIGEN

⊰ … an der Weidenkirche Gedern-Steinberg ⊱

#4

Kirchen besichtigen – wirklich? Jetzt wo der Frühling sich endlich blicken lässt? Im Gederner Stadtteil Steinberg lohnt es gerade dann, sich auf den Besuch eines Sakralbaus einzulassen. Hier wurde aus Weidenpflanzen und Holzbänken ein Gotteshaus inmitten der Natur geschaffen.

Das Knacken und Zwitschern im Gewölbe – in einer Kirche aus Stein wäre der Nervositätsfaktor bei solchen Geräuschen direkt über dem Kopf schon am Anschlag. Hier helfen sie dem Kirchenbesucher beim Runterkommen, Abschalten und dabei, einfach die Natur zu genießen. Denn das Konstrukt aus lebenden Weiden dient zwar auch, wie der Name schon sagt, als Gotteshaus, ist aber vor allem eines: eine Hommage an die allgegenwärtige Verbindung zwischen Spiritualität und Natur.

Darum finden hier, neben Gottesdiensten – die Kirche gehört zum Evangelischen Dekanat Büdinger Land – immer wieder Kulturveranstaltungen statt, darunter kleine Konzerte und Lesungen, die Besucher zum Nachdenken und Schmunzeln bringen sollen. Darüber hinaus helfen sie dabei, eine Verbundenheit

zur Natur wiederzuentdecken, die im Stress des Alltags oft untergeht und auch Teil ist von vielen der modernen Trends: allen voran Achtsamkeitstrainings, Waldbaden und Selbstfindungspilgern.

Die Weidenkirche liefert in nur wenigen Minuten einen kleinen Vorgeschmack auf alle drei – und je nach Jahreszeit ein anderes Bild. Die Stille am Ortsrand, in der der Naturkünstler Thomas Hofmann die Weidenkirche Anfang des Jahrtausends gebaut hat, tut ihr Übriges. Der Aufbau am Michelsrain war allerdings nicht ganz unkompliziert, denn das Gelände, das heute idyllisch von Obstbäumen eingerahmt wird, musste erst einmal begradigt werden, um dem naturliebenden Gotteshaus im wahrsten Sinne den Weg zu ebnen. Auch auf die Steine am Eingang lohnt

Das Kuppeldach der 2003 angelegten Weidenkirche besteht aus langen Weidenstöcken, die rings um den Kirchenraum angepflanzt und in der Mitte geflochten wurden.

sich ein Blick, sie gehören bereits zum natürlich auftretenden Granitvorkommen des Vogelsbergs. Und wem die Kirche und all die vielen Details, die sie umgeben, noch nicht Attraktion genug sind: Das Gästebuch in einem Holzkasten auf der Wiese vorm Eingang ist voller spannender Episoden und Eindrücke ehemaliger Besucher.

FAZIT: KIRCHENBESICHTIGUNG GEHT JA AUCH RICHTIG LEBENDIG.

Hin & weg: Am besten fährt man mit dem Auto oder Rad direkt in den Ort, geparkt wird am Straßenrand. Von Nidda oder Gedern aus fährt der Bus FB-80 nach Steinberg.

Beste Zeit: Im Frühling, wenn das Kirchendach schön langsam nachwächst.

Dauer: 1 Std.

Ausrüstung: Kugelschreiber zum Verewigen im Gästebuch nicht vergessen.

IMMER DER NASE NACH

⊰ ... im Vogelsberggarten Ulrichstein ⊱

Rund um die Burgruine in der höchstgelegenen Stadt Hessens geht's ab Frühsommer ganz schön bunt zu. Hier haben die Ulrichsteiner vor herrlichem Ausblick den Vogelsberggarten angelegt, der mit Küchenkräutern und Wildblumen lockt.

Man weiß gar nicht, wo man zuerst hingucken soll, wenn man nach dem mäßig hohen Aufstieg einmal am Ziel – dem Ulrichsteiner Schlossberg – angekommen ist. Da thronen die mächtigen Mauern der Ruine von Burg Ulrichstein, die im Mittelalter wichtige Handelsrouten ermöglichte und schützte, ringsum ein fantastischer Ausblick bis rüber Richtung Rhön und Taunus. Und dann ist da noch die Natur, deren Vielfalt der Mensch hier in Form eines Gartens zelebriert, und deren Winterschlaf nun erst mal wieder ganz weit weg ist. Stattdessen hat die Farbenpracht von Rosen, duftenden Kräutern und Blättern aller Formen und Grüntöne übernommen.

Knapp 250 wilde Pflanzenarten sollen laut Förderverein, der den Garten Anfang des Jahrtausends angelegt hat, wachsen – im Kü-chengarten, Rosenbeet, auf Weiden, in einem kleinen Waldstück, zwischen Mauerritzen und Basaltfelsen. Auch der Schlossberg war vor Millionen von Jahren wie alles hier im Vogelsberg ein aktiver Vulkanschlot, von dem inzwischen nur noch Basaltgestein übrig ist. Heute wächst vor Ort alles, da es die besten Bedingungen vorfindet, und ein bisschen hilft der Mensch durch Gießen und Frostschutz auch noch hin und wieder nach.

Hin & weg: Mit dem Auto bis zum Rathausparkplatz am Lindenplatz.

Beste Zeit: Sobald etwa ab April die ersten Blüten für Farbtupfer in der Landschaft sorgen.

Dauer: 1,5 Std.

Ausrüstung: Pflanzenerkennungs-App für ganz Neugierige.

Von dem 800 Meter langen Rundweg, der einmal durch den ganzen Garten führt, lässt es sich immer wieder herrlich abkommen.

Doch jetzt zur Burg und dem Ausblick, denn wenn man den Resten der Burgmauern folgt, führen Stufen auf den gut erhaltenen Turm. Dort oben liegt Hessen einem nun faktisch zu Füßen: Der 609 Meter Hohe Schlossberg macht Ulrichstein nämlich zur höchstgelegenen Stadt des Bundeslands, und höher als auf dem kleinen Türmchen geht es hier nun eben nicht, wenn man nicht ringsum auf Bäume kraxeln will.

Einmal um die eigene Achse gedreht, gibt's ein Panorama auf Spessart, Rhön, Knüllgebirge, Taunus und Wetterau – und auf die ganze bunte Vielfalt des Gartens, der jetzt noch ein bisschen aus der Nähe erkundet werden will.

FAZIT: SO FARBENPRÄCHTIG WIE HIER OBEN IST DIE NATUR IM VOGELSBERG SONST KAUM WO.

EINTAUCHEN INS MITTEL-ALTER

>⁻ ... am Wetterauer Tintenfass ⁻<

#6 *Um sich in die Landschaft der Wetterau zu verlieben und dem Charme von Streuobstwiesen und kilometerweitem Blick Richtung der Mittelgebirge ringsum zu verfallen, gibt's kaum einen geeigneteren Ort als die Burg Münzenberg.*

Die ältesten Bauabschnitte der heutigen Burgruine stammen noch aus dem 12. Jahrhundert. Damals war sie eine der prächtigsten Burganlagen des Landes.

Himmelsrichtungen zum mächtigen Burgportal führt, lässt keinen Zweifel daran, dass der Weg der richtige ist.

Oben angekommen, folgt man entweder einen guten Kilometer lang den Straßen rund um das historische Bauwerk und lässt sich von unten von den Geschichten faszinieren, die die Steine erzählen. Wer das Gelände auf eigene Faust erkundet, kann sich an der Kasse mit Infomaterialien eindecken. Wenn man den Eintrittspreis investiert, der in die Erhaltung der Burg fließt, geht es drinnen auf Tuchfühlung mit der Vergangenheit. In Führungen durch die majestätischen Mauern, durch deren Fensterlöcher immer wieder neue Farben aus der Landschaft draußen fallen, wird erzählt, wie die Burg einst zur Sicherung der Wetterau durch die Arnsburger und Münzenberger, Falkensteiner und Solmser diente. Ihr Bauherr Ritter Kuno von Münzenberg selbst war enger Vertrauter des legendären Kaisers Friedrich Barbarossa.

Die hochmittelalterliche Burgruine am Rand der Ortschaft Münzenberg ist eines dieser Phänomene, die faszinieren. Einmal als Schatten am Horizont bemerkt, kann man sie nie wieder ungesehen machen, und plötzlich begegnet sie einem überall. Beim Vorbeifahren auf der Autobahn, beim Wandern am vermeintlich anderen Ende der Region, auf Radwegen … Kein Wunder, dass sie heute als Wahrzeichen der Wetterau gilt und wegen ihrer mächtigen runden Türme den Spitznamen Wetterauer Tintenfass trägt.

Vom hübschen Ortskern mit seinen Fachwerkhäusern, kleinen inhabergeführten Lebensmittelläden und schmalen Sträßchen geht's zunächst ein Stück bergauf. Der Straßenname Unter der Burg, der aus fast allen

Hin & weg: Mit dem Auto bis nach Münzenberg. An vielen Wochenenden fahren auch historische Eisenbahnen ab Bad Nauheim hierher (Eskapade #27).

Beste Zeit: Ab März/April, wenn die Landschaft wieder grün und saftig ist (Infos zu den Öffnungszeiten und Preisen der Burgruine unter www.schloesser-hessen.de).

Dauer: 2 Std.

Ausrüstung: Etwas Geld für den Eintritt.

Kaum vorstellbar, aber ab dem späten 17. Jahrhundert kamen immer wieder Menschen aus der Gegend auf die Idee, die Mauern als Steinbruch zu nutzen. Restauriert wurde die Burg erst ab 1846.

Folgt man seinen Spuren hoch oben auf den Burgmauern über den Wehrgang, der fast einmal komplett um die Anlage führt, wird schnell klar, warum man sich ausgerechnet diesen Hügel für militärische Zwecke aussuchte. Der endlos weite Blick ins flache Land bis zu Taunus, Vogelsberg und Spessart erfüllte für die Ritter und Adligen seinen Zweck. Heute sorgt er einfach nur noch für Wow-Momente.

Auf dem Rückweg ins Tal lohnt sich direkt unterhalb der Burg noch ein Abstecher zum Gasthaus zum Löwen, wo man bei lauen Temperaturen ganz herrlich im Biergarten sitzen kann.

FAZIT: KEIN WUNDER, DASS DIE BURG AUS ALLEN WINKELN DER WETTERAU ZUM PANORAMA GEHÖRT.

WACHS-SCHMELZE

≳ … im historischen Ortskern von Schlitz ≲

#7 *Jedes Jahr in der Vorweihnachtszeit wird der Bergfried der Schlitzer Hinterburg zur größten Adventskerze der Welt eingehüllt. Im Sommer lohnt sich der Besuch nicht nur wegen des unverhüllten Ausblicks von der Turmplattform.*

Bis 2018 die Stadt Oberzent im Odenwald zusammengelegt wurde, war Schlitz nach Frankfurt und Wiesbaden die flächenmäßig drittgrößte Stadt Hessens. Einwohnermäßig sind weit mehr als 100 Städte größer.

Weiter weg als gerade jetzt könnten Glühwein, Lebkuchen und Festtagsstimmung kaum sein. Die Sonne knallt aufs Kopfsteinpflaster des Schlitzer Marktplatzes, und selbst der steinerne Turm der Hinterburg würde vermutlich im dichten roten Stoff, unter dem er jedes Jahr zur Weihnachtszeit als größte Adventskerze der Welt verhüllt wird, vor Hitze zerschmelzen. Der Sommer ist im Vogelsberg angekommen, und die Sonne lockt auf Erkundungstour.

Welcher Ort wäre also prädestinierter für den ersten Stopp des Stadtrundgangs als genau der, wo im Winter der künstliche Docht aus Lichterketten flackert? Vom Marktplatz geht's vorbei an der Schachtenburg aus Stein und hübschem Fachwerk – dort lässt sich später in der Schachtenburgbar (www.schachten burgbar.de) eine schöne Pause einlegen – zur Hinterburg. Über den Hof erreicht man den Turmeingang, an dem einer der Turmwächter wartet und Gäste mit dem altmodischen Aufzug rauf auf die Aussichtsplattform bringt.

Den Text, den er dabei vorträgt, wird er über die Jahrzehnte schon mehrere Tausend Mal rezitiert haben. Kurzzusammenfassung: Der im 14. Jahrhundert gebaute 36 Meter hohe Turm war einst Teil der mittelalterlichen Schlit-

Hin & weg: Mit dem Bus 591 zur Haltestelle Herrngartenstraße oder Auto zum Parkplatz am Schlossgarten. Zurück fährt der Bus auch ab Landesmusikakademie.

Beste Zeit: In der schönsten Sommersonne.

Dauer & Strecke: 1,5 Std., 1,5 km.

Ausrüstung: Kamera für die Turmpanoramen.

Der an Schloss Hallenburg angrenzende Schlosspark ist im Stil englischer Landschaftgärten angelegt.

zer Stadtbefestigung und bot Raum für eine Wachstube und Verliese. Den Kerzenrekord dagegen gibt es erst seit den 1990er-Jahren. Oben angekommen, lässt sich ganz in Ruhe der Ausblick genießen. Und wer hätte es gedacht: Was hier vor einem liegt, ist – alle eingemeindeten Stadtteile mit eingerechnet – die flächenmäßig viertgrößte Stadt Hessens.

Weiter geht's mit dem Bummel durch die hübsche Fachwerkstadt vorbei an der Vorderburg, in der man heute ein Hotelzimmer buchen kann, zurück Richtung Marktplatz zu Burg Nummer vier. Die barocke Ottoburg, die einem beim ersten Blick auf die ikonische Schlitzer »Skyline« noch im Rücken lag, kann man im Vorbeigehen nun auch noch mal aus der Nähe betrachten, bevor die Mittagssonne selbst Hartgesottene dann doch nur noch in Richtung Schatten treibt. Den gibt's en masse im Schlosspark von Schloss Hallenburg, der fünften befestigten Gutsanlage im Bunde. An seinem östlichen Rand plätschert der namensgebende Fluss Schlitz friedlich vor sich hin. Im Schloss selbst kann man mit Glück und gutem Gehör hessischen Nachwuchstalenten zuhören. In der Landesmusikakademie finden regelmäßig Veranstaltungen wie die Jugend-musiziert-Konzerte statt.

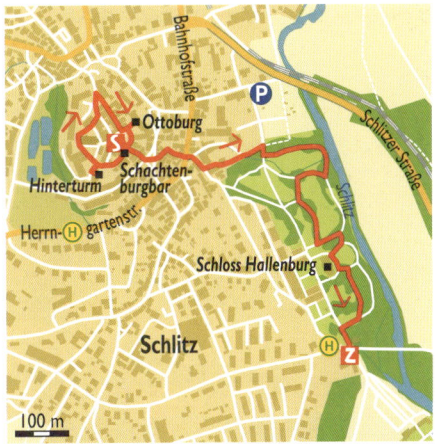

FAZIT: KLAR IST DER TURM ALS SUPERLATIV BEEINDRUCKEND, ABER OHNE UMHÜLLUNG IST HIER OBEN NICHT NUR DIE LUFT BESSER.

37

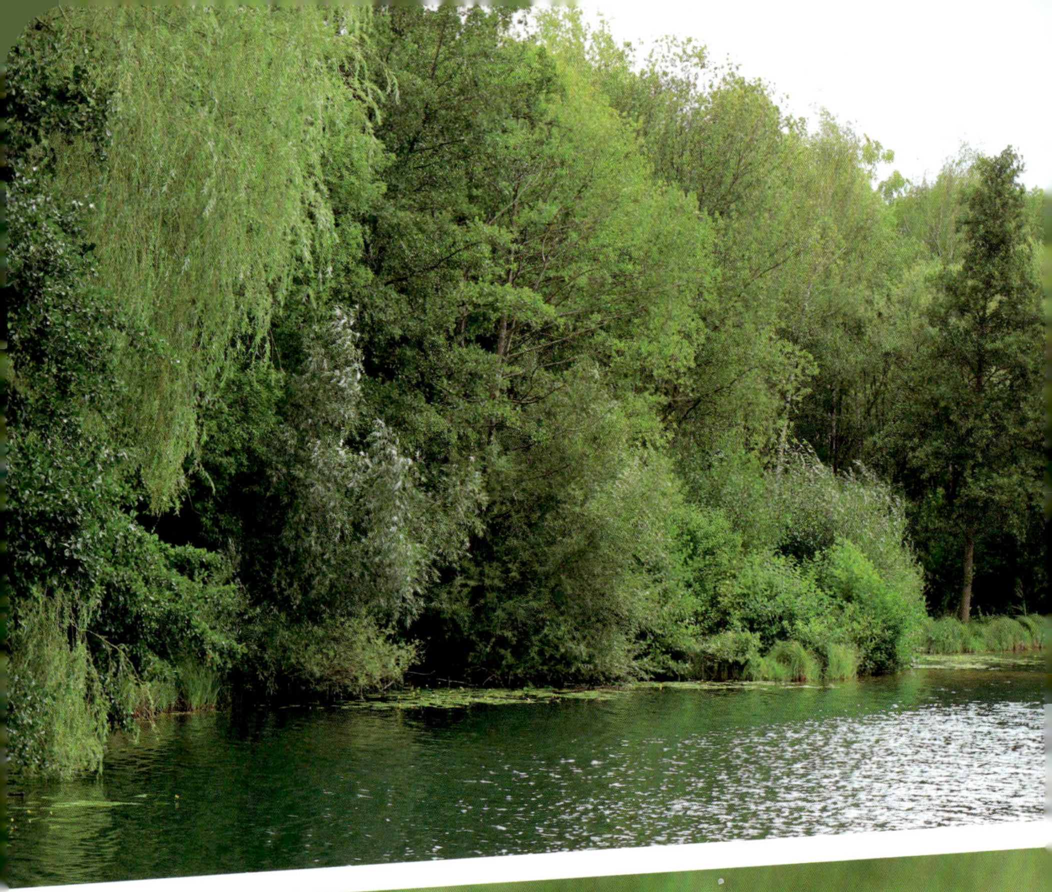

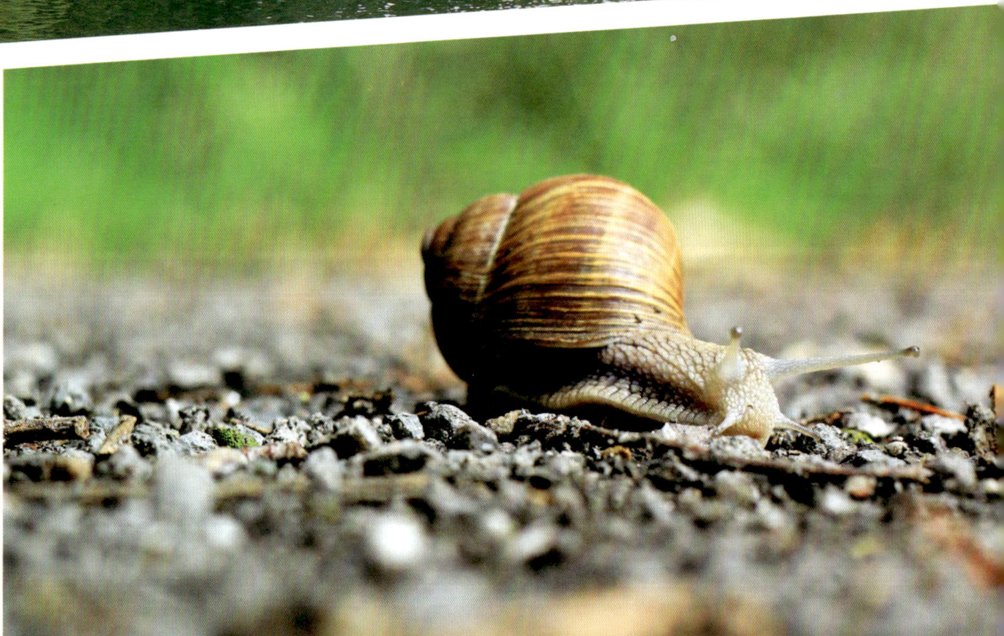

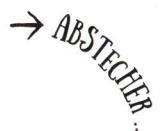
SCHATTEN JAGEN

⋝ … im Süden von Gießen ⋜

#8

Heiß, heißer, Höllenfeuer! So sehr man die Sonne auch vermisst hat, hilft gerade nur noch Schatten. Rund um die Grube Fernie, in deren Wasser sich der blaue Himmel spiegelt, schützen unzählige Bäume vor der Hitze. Und wem dann immer noch nach Abkühlung ist, der hat's nicht weit zum nächsten Badesee.

Wo nun ein idyllisches Gewässer ist, schufteten im frühen 20. Jahrhundert noch über 1000 Bergleute unter Tage.

Die Schnecke hat's gut. Sucht sich einfach das schönste Fleckchen im Schatten irgendwo im restfeuchten Gras und zieht sich in ihr Häuschen zurück, wenn's ihr zu bunt wird. Das Zuhause auf dem Rücken zu tragen kann schon große Vorteile haben. Der gemeine Mensch wiederum, der muss auf der Suche nach Schattenplätzchen schon kreativ werden, wenn die Sommerhitze sich wieder mal breit macht.

Und welcher Ort wäre dazu besser geeignet als einer, wo Wald und See zusammenkommen? Die Grube Fernie zwischen Gießen und Linden ist offiziell noch Teil des Gießener Bergwerkswaldes und damit eins der Naturparadiese, die auf seltsame Art und Weise der Industrialisierung und dem Zweiten Weltkrieg zu verdanken sind. Die Seen, in denen im Süden Gießens so herrlich das Wasser funkelt, sind nämlich ehemalige Bergbaugruben und Bombenkrater.

Gerade weil es hier nicht ins Wasser geht – das Baden im See ist aus Naturschutzgründen verboten –, gibt's faszinierende Entdeckungen zu machen, wenn man an den winzigen Buchten, die rund ums Ufer verteilt sind, durchs Dickicht späht. Prächtige Seerosen,

Hin & weg: Mit dem Rad zur Grube Fernie, alternativ auch ab dem Bahnhof Großen Linden.

Beste Zeit: Bei Sommerhitze.

Dauer & Strecke: Insg. 4 Std. 1,5 km zu Fuß durchs Naturschutzgebiet (45 Min.), 7 km mit dem Rad zum Badesee (30 Min.).

Ausrüstung: Badesachen und Sonnencreme.

Mit herrlichen Sonnenuntergängen, feinen Cocktails und fast 900 Quadratmetern Sandstrand sorgt der Dutenhofener See für Meerfeeling.

frech schnatternde Enten, Schwäne, die majestätisch ihre Runden ziehen, wo bis in die 1960er-Jahre hinein tonnenweise Erz abgebaut wurde. Und die Libellen, die mitten im Paarungsakt zu zweit durch die Luft schwirren, sehen dabei irgendwie aus wie ein bunt funkelndes Herz. Süß!

Aber gut, ewig vor der Sonne verstecken kann man sich schließlich auch nicht, darum ist jetzt Zeit, ein Gewässer aufzusuchen, in dem man tatsächlich Abkühlung findet. Nach der Umrundung der Grube Fernie zu Fuß geht's flott aufs Rad und ab in Richtung Badevergnügen.

Keine halbe Stunde dauert die Strecke über Lützellinden und Allendorf, vom ehemaligen Bergwerksee zum Dutenhofener See, einer der schönsten Badegelegenheiten der Gegend. Hier ist endlich Zeit, die Badesachen anzuziehen und reinzuspringen ins verheißungsvolle Nass, das einen die ganze Zeit schon so einladend anlacht. Im Wasser ist die Sommerhitze nicht nur halb so schlimm, sondern sogar ziemlich fantastisch.

FAZIT: IN DER HITZE BRINGT WASSER DOCH EINFACH IMMER IRGENDWIE ABKÜHLUNG. OB MAN NUN REINSPRINGEN DARF ODER NICHT.

KRIBBEL-
ALARM

⊰ ... barfuß im Kurpark Bad Salzhausen ⊱

 **#9** *Wenn wärmende Temperaturen wieder nach draußen locken und die Freibad- saison naht, gibt's doch nichts Schöneres als ab und an mal Schuhe und Socken aus- zuziehen und barfuß unterwegs zu sein. Wenn nicht auf ausgewiesenen Barfuß- pfaden, dann eben im taufeuchten Rasen des Kurparks.*

#fühljedenHalm #endlichSommer #rausausdenSchuhen

Im Prinzip fehlen hier nur die Infoschilder zu den zahlreichen Baum- und Pflanzenarten und der Kurpark ginge als Botanischer Garten durch.

lungen entgegenwirkt. Für alle, die es noch nie ausprobiert haben, gilt wie bei so vielem: Jetzt ist der beste Zeitpunkt damit anzufangen.

Die Einstiegshürde ist klein und startet – in Ermangelung eines designierten Barfußpfads in der näheren Umgebung – mit einem Picknick oder Spaziergang im Niddaer Stadtteil Bad Salzhausen. Hier dreht sich ohnehin schon viel um Gesundheit, denn seit dem Mittelalter wird dort Mineralsalz gewonnen, welches den Ort zum beliebten Heilbad macht. Hier tickt die Zeit ein bisschen langsamer, das leicht verstaubte Kur-Image drängt die herrliche Natur aber problemlos in den Hintergrund.

Es soll ja Menschen geben, die sind bei Wind und Wetter barfuß unterwegs, einfach weil sie es lieben, verschiedene Untergründe unter den Füßen zu spüren und dabei die Temperaturen der Erde hautnah mitzubekommen. Schwarze Sohlen, die machen ihnen dabei gar nichts aus ... und die irritierten Blicke von Passanten auch nicht.

Zugegeben, das geht vielleicht doch ein wenig weit, auch wenn Forscher bereits belegt haben, dass Barfußlaufen in vielen Bereichen hilfreich sein kann. Wer regelmäßig ohne Schuhe unterwegs ist, härtet nicht nur die Haut unter den Füßen ab (übrigens praktisch für die anstehende Freibad- und Baggersee-Saison), sondern stabilisiert auch Gelenke, Bänder, Sehnen und Muskeln, was Fehlstel-

Die scheinbar endlosen Rasenflächen unter schattenspendenden Bäumen bieten eine gute Gelegenheit die Schuhe mal zur Seite zu stellen und die Natur unter den Sohlen zu spüren. Das Gras ist noch ein bisschen taunass und kitzelt unter den Sohlen, von pieksenden Fremdkörpern ist auf weiten Flächen keine Spur. Sobald sich die Füße daran gewöhnt haben, kann man sich dann auch mal nach ande-

Hin & weg: Mit der Regionalbahn zum Bahnhof Bad Salzhausen, von dort 15 Min. Gehzeit zum Kurpark.

Beste Zeit: Wenn der Boden langsam angenehm warm wird.

Dauer: 1 Std.

Ausrüstung: Schuhwerk, das sich leicht auch mal an den Fingern baumelnd mitnehmen lässt.

Der in den 1820ern angelegte Park war seinerzeit einer der ersten öffentlichen Parks des Landes.

ren Untergründen umschauen: Rindenmulch, der um die mächtigen Stämme von Weiden verteilt ist, ein kurzer Balanceakt auf der Rinde von abgeschnittenem Holz, das hier und da zu finden ist, oder auch ein kurzer Abstecher auf einen der vielen asphaltierten Parkwege.

Den hübschen als klassisch englischen Garten angelegten Kurpark mit seinen steinalten Bäumen, plätschernden Fontänen und schier endlosen Salzwiesen erkundet man so ganz spielend nebenbei.

FAZIT: ES IST NIE ZU FRÜH, DIE SCHUTZ-
VERWÖHNTEN SOHLEN WIEDER AUF DEN
BESUCH IM FREIBAD VORZUBEREITEN.

STEIN DER WEISEN

... am Geotop Bilstein

#10

Nur wenige Kilometer südwestlich vom Hoherodskopf gelegen, findet man zwar nicht den höchsten, aber vielleicht den spektakulärsten Gipfel des Vogelsbergs. Wer die letzten Meter ganz nach oben kraxelt, hat dort einen Logenplatz über halb Hessen.

Zu den letzten paar Metern gehört ein klein wenig Mut und Spaß am Klettern. Ein guter Zeitpunkt für freie Hände, das Smartphone endlich mal wieder tief im Rucksack zu versenken und statt des Gipfel-Selfies einfach wahrzunehmen, was um einen rum passiert. Die Vögel, die da vorn ein Wettrennen veranstalten, der Wind, der trotz der aufziehenden Sommerhitze hier oben für Abkühlung sorgt. Und natürlich der endlose Blick – das da vorn ist aber noch nicht das Meer?

Wer rauf will, startet an der Landstraße, wo Parkplatz und Bushaltestelle den Einstieg in den Weg markieren und der Bilstein gut ausgeschildert ist. Erst führt ein Feldweg an einer Weide entlang, dann geht's rein in den Wald. Mit dem Abzweig nach rechts beginnt kurz nach Erreichen des Walds der mäßig steile Aufstieg über Wurzeln, Steine und rascheln-

de Blätter. Und dann plötzlich steht er da, der mächtige Fels. Ein schmaler Weg führt unten einmal rundherum, und das wahre Highlight wartet schließlich oben an der höchsten Stelle, ganze 665,5 Meter über dem Meeresspiegel.

Weil der Fels bis zum höchsten Punkt so was wie natürliche Treppen bildet, schaffen auch eher ungeübte Kletterer den Weg nach oben und wieder runter.

Hin & weg: Mit dem Auto zum Parkplatz Geotop Bilstein oder VB94 bis zur Haltestelle Waldsiedlung.

Beste Zeit: Fast jahreszeitunabhängig, bei klarer Sicht und blauem Himmel.

Dauer & Strecke: 1,5 Std. inkl. Pause am Gipfel, 2,2 km hin und zurück.

Ausrüstung: Schuhe, die einer kleinen Kletterpartie gewachsen sind.

Wer von hier aus noch weiter will, kommt über Waldwege nach einer kurzen Wanderung auch zum Hoherodskopf.

Dass der Wald ringsum wenige Meter unter dem Felsengipfel Pause hat, statt Bäumen nun Sträucher wuchern und dann der Fels übernimmt, sorgt oben angekommen fürs perfekte Panorama. Pfälzerwald im Südwesten, Rothaargebirge im Norden, Odenwald im Südosten und dazwischen die Frankfurter Skyline. So geht dann wohl dieses Naturkino, von dem immer alle reden. Für diesen Film würde man tatsächlich Eintritt bezahlen.

Wer einmal oben war auf dem felsigen Bilstein-Gipfel, kann sich ganz gut vorstellen, wie das alles früher war, als statt rauen Basaltfelsen noch Vulkane rauchten – knapp sieben Millionen Jahre ist das jetzt her. Und plötzlich, da fühlt man sich hier oben ganz klein und ehrfürchtig und fragt sich, wie die Erde das alles hinbekommen hat.

> **FAZIT: WER DEN VOGELSBERG UND SEINE VULKANGESCHICHTE ANFASSEN WILL, FINDET KEINEN BESSEREN ORT DAZU.**

KARIBISCHE ZUSTÄNDE

>─ ... am Steinbruch Oberkleen ─<

#11

Da hatte doch jemand seine Insta-Hashtags nicht im Griff ... der türkis schimmernde See unter den mächtigen Felsen passt wirklich mehr in die Karibik als ins Gießener Land. Umso schöner, dass das Paradies so nah ist. Auch wenn es bei der Sommerhitze schwerfällt, das strenge Badeverbot einzuhalten.

Baden verboten: Mitgliedern des örtlichen Tauchclubs ist der Zutritt zum See aber gestattet.

Ein bisschen verdienen muss man sich das Ausflugsziel ja doch noch, sobald man mit Auto, Rad oder zu Fuß im kleinen unscheinbaren Ortsteil der 11 000-Einwohner-Gemeinde Langgöns angekommen ist. Bis zum Straßenschild Steinbruchstraße geht's an knallig gelben Blüten vorbei ein weiteres Stückchen bergauf mitten durch ein Gewerbegebiet – in der Sommerhitze vielleicht schon eine kleine Herausforderung.

Oben angekommen, sorgt dann die letzten Meter dankenswerterweise ein kleiner Waldabschnitt für Schatten und ein klein wenig auch dafür, dass der Erstbesucher sich bis zuletzt fragt, ob das Paradies, das hier laut Instagram und Co. warten soll, nicht doch vielmehr ein Produkt moderner Bildbearbeitungs-Apps war. Was dagegen spricht, sind

die Menschen, die doch ziemlich zahlreich hier unterwegs sind: ältere Spaziergänger aus der Gegend, die den Steinbruch womöglich noch in den 1960er-Jahren als Industrieort kannten, genauso wie Grüppchen von Teenies und Anfang-Zwanzigjährigen in Badeshorts oder luftig weißem Sommerkleidchen auf der Jagd nach dem perfekten Selfie.

Hin & weg: Am besten mit Auto oder Rad. Zur Haltestelle Am Friedhof fahren unregelmäßig ein Bus aus Butzbach sowie ein Anruf-Linientaxi aus Langgöns.

Beste Zeit: Wenn blauer Himmel die Wasserfläche noch etwas prächtiger funkeln lässt.

Dauer & Strecke: 2 Std., reine Wegstrecke 2 km.

Ausrüstung: Picknickdecke oder Liegestuhl, Sonnencreme und Sonnenbrille.

Das Gewerbegebiet, das den alten Steinbruch heute umgibt, zeigt noch, wie bedeutend der Abbau von Kalkstein über die Jahre für den Ort war.

Dass die Natur um Klassen besser ist als Photoshop, zeigt sich direkt beim ersten Blick auf den See. Dieser wird auch Kristallsee genannt und liegt meterweit unterhalb der Felsplattform, auf die der Waldweg schließlich führt.

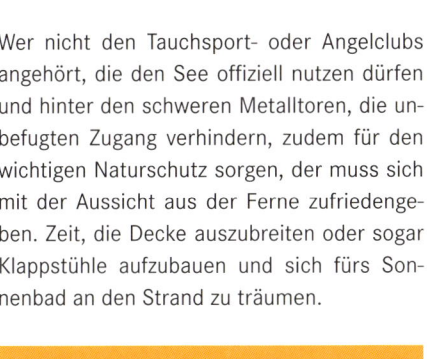

Ein bisschen Schwindelfreiheit und Respekt vor der Höhe ist hier oben sicher von Vorteil, denn die Lust, einfach reinzuspringen, vergeht einem dort locker. So verlockend das türkisfarbene klare Wasser im an seiner tiefsten Stelle 27 Meter tiefen See auch sein mag: Die scharfen Felskanten unter der Oberfläche sind mühelos mit bloßem Auge zu erkennen, selbst von hier oben.

Wer nicht den Tauchsport- oder Angelclubs angehört, die den See offiziell nutzen dürfen und hinter den schweren Metalltoren, die unbefugten Zugang verhindern, zudem für den wichtigen Naturschutz sorgen, der muss sich mit der Aussicht aus der Ferne zufriedengeben. Zeit, die Decke auszubreiten oder sogar Klappstühle aufzubauen und sich fürs Sonnenbad an den Strand zu träumen.

> **FAZIT: FASZINIEREND, WIE IDYLLISCH VERLASSENE INDUSTRIEORTE AUSSEHEN KÖNNEN, WENN MAN DIE NATUR EINFACH MAL MACHEN LÄSST.**

DER WEIN-BERG RUFT

⇒ ... von Ober-Mörlen auf den Johannisberg ⇐

#12 *Von wegen die Wetterau kann nur Apfelwein! Zwar macht der Weinanbau am Johannisberg die Erhebung im Nordwesten Bad Nauheims zum einzigen Weinberg der Region, aber das trübt das Rebenglück bei einem Ausflug hier hinauf kein bisschen.*

Wo so gutes Obst wächst, sorgt die Sonne auch für herrlich aromatische Trauben.

Kaum liegen die letzten Häuser des Orts und die Unterführung der das Idyll unterbrechenden Autobahn hinter einem, ist man auch schon mittendrin in den für die Wetterau so bekannten Streuobstwiesen. Wie Perlen reihen sich bunte Äpfel an den Ästen aneinander und versprechen eine reiche Ernte. Das »Stöffche« fürs nächste Jahr ist gesichert!

Aber darum soll es heute mal nicht gehen. Der Wanderausflug steht ganz im Zeichen des Weins – dem klassischen, aus Trauben – der

unterwegs ein wenig im Schatten Hunderter Obstbäume verschwindet. Dahinter warten Ausblicke Richtung Burg Münzenberg und Vogelsberg, die es wirklich wert sind, gelegentlich eine kleine Pause einzulegen. Das Ziel, der 268 Meter hohe Johannisberg, auf Bad Nauheimer Gemarkung, ist so und so nicht mehr als eine kleine Genusswanderung weit entfernt. Und oben auf seinem Plateau weit über der Stadt steht der einzige Weinberg der Wetterau. 1500 Reben wachsen hier wieder, seit die Vereinsmitglieder der Weinfreunde

Bad Nauheim sich in den 1990er-Jahren dem verwilderten Gelände, auf dem früher schon Wein zu finden war, angenommen haben. Etwa 700 davon werden zu Riesling, weitere knapp 400 zu Spätburgunder. Den Rest – Ehrenfelser, Kerner, Regent und zahlreiche weitere Sorten – verarbeitet man zu kleineren Chargen, die wie alle Weine vor Ort dem Eigenbedarf der Mitglieder und der Repräsentation des Vereins dienen. Probieren darf nur, wer Glück hat und auf die richtigen Leute trifft. Und so muss eben die Aussicht auf Bad Nauheim und Friedberg reichen, die hinter den Reben ganz malerisch unten im Tal liegen.

Genossen haben diese übrigens auch schon etliche Berühmtheiten, zwei davon von beispiellosem Weltruhm. Kaiserin Elisabeth von Österreich verbrachte im Sommer 1898 eine sechswöchige Badekur in Bad Nauheim und auch einige Zeit im Café Restaurant Johannisberg (www.johannisberg-badnauheim.de). Tragischerweise als letzte Station vor ihrer Ermordung in Genf. Ein weiterer berühmter Gast der Kurstadt, der in eineinhalb Jahren sicher auch mal hier oben war: Elvis Presley. Während seines Militärdiensts in Friedberg residierte er am Fuße des Bad Nauheimer

Hin & weg: Bus FB-35 bis Ober-Mörlen Schloss oder mit dem Auto nach Ober-Mörlen.

Beste Zeit: Wenn ab August die ersten Trauben langsam reif sind.

Dauer & Strecke: 2,5 Std., 8,5 km.

Ausrüstung: Bequeme Schuhe.

Bei Nacht hat man von der Sternwarte auf dem Johannisberg eine herrliche Aussicht auf den Sternenhimmel, tagsüber reicht der Blick mühelos bis nach Friedberg.

Hausbergs im Hotel Grunewald. Mit Reben kannte er den Berg jedoch nicht, denn der Weinbau wurde schon kurz nach dem Kaiserinnenbesuch aufgrund fehlender Rentabilität eingestellt – bis sich eben die Weinfreunde der Sache annahmen.

Offiziell zählt die hiesige Weinlese übrigens noch zum Anbaugebiet Rheingau. Klar, mit dem Rheingau auf der anderen Seite des Taunus, wo Reben über Reben wachsen, so

weit das Auge reicht, kann der Johannisberg nicht mithalten. Aber das möchte hier ja auch niemand.

> **FAZIT: WER SO MEISTERHAFTEN APFELWEIN MACHT WIE DIE WETTERAUER, MUSS SICH AUCH VOR DER HERAUSFORDERUNG WEIN AUS TRAUBEN NICHT FÜRCHTEN.**

IMMER DEM PLÄTSCHERN NACH

... auf Stadttour in Lauterbach

#13

Zwischen uralten Fachwerkhäuschen zieht sich fröhlich plätschernd die Lauter durch den Ort. Sie entspringt im Vogelsberg und verleiht dem Stadtbild das gewisse bisschen Elsass. Der beste Begleiter für ein paar Stündchen Erkundung ...

Die Schrittsteine am Strolch-Denkmal sind die älteste Überquerung des Flusses im Ort.

Was für Frankfurt der Main, für Bad Vilbel die Nidda und für Gießen die Lahn ist im schmucken Kreisstädtchen des Vogelsbergkreises die Lauter. Leise fließt sie durch den Ort und zieht Einheimische, Gassigänger, Cafébesucher und Touristen magisch an. Ein Fluss lockte schon vor dem Mittelalter Siedler an. Deswegen ist es ja auch kaum verwunderlich, dass die wichtigsten Städte immer am Wasser liegen. Im beschaulichen Vogelsberg ist das nicht anders.

Bei der Tour durch Lauterbach, das sogar das Gewässer im Namen trägt, muss man sich selten mehr als zehn Minuten vom plätschernden Fluss wegbewegen. Dieser entspringt unweit der Nidda in den Hügeln des Hohen Vogelsbergs und mündet bei Bad Salzschlirf in die Schlitz und als solche in der Fulda. Natürlich

empfiehlt sich als Ausgangspunkt der Tour die Lauter selbst, die sich zwar auch über diverse Brücken, aber nirgends schöner als auf den Schrittsteinen unweit der Löbersgasse überqueren lässt. Rechts und links des Wegs spiegeln sich hübsche Fachwerkhäuser im Wasser. Das romantische Stadtbild erinnert stark ans französische Elsass. Hier begrüßt einen auch der berühmteste Sohn der Stadt, der Lauterbacher Strolch, der seit Anfang des Jahrtausends als Bronzestatue im Bachbett

Hin & weg: Mit der Bahn zum Nordbahnhof oder mit dem Auto direkt in die Stadt.

Beste Zeit: Von April bis September.

Dauer: 2 Std.

Ausrüstung: Wasserfestes Schuhwerk, falls man vor lauter Staunen doch mal danebentritt.

Eine Befestigung hat es in Lauterbach bereits im 13. Jahrhundert gegeben. Heute wird der Burghof im Sommer zum Biergarten.

steht. Seine Geschichte geht zurück auf ein altes Volkslied. Sie handelt von einem jungen Handwerksburschen, der über Winter Station in Lauterbach gemacht haben und dabei einen Strumpf vergessen haben soll. So ganz sicher ist man sich allerdings bis heute nicht, dass sich die Episode ausgerechnet hier abgespielt hat – schließlich gibt's dank zahlreicher gleichnamiger Flüsse ganze 26 Städte, Orte und Gemeindeteile in Deutschland, die ebenfalls Lauterbach heißen. Da der junge Mann jedoch nicht nur Strumpf, sondern auch Herz an die charmante Stadt verloren hat, einigte man sich aber dennoch irgendwann drauf, dass der Ort am Fuße des Vogelsbergs gemeint sein muss. Daraufhin schuf man das Bild des berühmten Lauterbacher Strolchs. Er zierte sogar die Verpackung des ersten in Deutschland hergestellten Camemberts, der hier in der Stadt produziert wurde.

Von seiner Statue aus gibt's in der näheren Umgebung viel zu entdecken: den Ankerturm, der früher zur Stadtbefestigung gehörte und heute ein Restaurant (www.ankerturm.de) beheimatet, historische Häuser rund um den gepflasterten Marktplatz, Stadtschloss und

Burg der Freiherrn der uralten hessischen Adelsdynastie Riedesel und eine ganze Menge hübscher Straßen, die zum Großteil wieder zurück zur Lauter führen.

> **FAZIT: ZWISCHEN BLUMEN, FACHWERK UND GEPLÄTSCHER KOMMT GLATT EIN BISSCHEN FRANKREICH-FEELING AUF.**

SEHNSUCHT NACH WEISS

⋗ ... an der Skisprungschanze in Grebenhain ⋖

#14

Zugegeben: Gesprungen ist von der betagten Lady, der Wilhelm-Dillemuth-Schanze oberhalb von Bermuthshain, schon seit Jahrzehnten niemand mehr. Dass ihr Anblick sentimental macht, liegt nicht zuletzt daran, dass in der einstigen Wintersportregion nur noch selten Loipen gespurt werden.

Wenn man beobachtet, wie sich unzählige Windräder hier oben im hügeligen Land des Vogelsbergs drehen und die Natur Unmengen an Energie produziert, kann man sich gut vorstellen, dass das mit dem Auftrieb damals kein großes Problem war. Damals, das ist Ende der 60er-Jahre, als eine kleine Skisprungschanze auf dem 570 Meter hohen Höllerich abgerissen und im Auftrag der Skisprungabteilung des Turnvereins durch eine neue, größere Schanze ersetzt wurde. 40 Meter Anlauflänge, knapp 18 Meter Turmhöhe, 35 Meter Weite Schanzenrekord. Immerhin!

Nur das mit dem Schnee ist eben so eine Sache, und die sorgte letztlich auch dafür, dass der Betrieb keine zehn Jahre später wieder eingestellt wurde. Die Schanze steht dank Denkmalschutz heute noch als eine der letz-

ten hölzernen Skisprungschanzen des Landes und macht den Ausflug auf den Höllerich zu einem echten Wanderkuriosum.

Der Rundweg startet über den Einstieg zum Vulkanradweg in Hartmannshain, gegenüber der Gaststätte Tor zum Vogelsberg (www.gasthof-vogelsberg.de). Er folgt Feldwegen, die problemlos den klingenden Namen Windradallee tragen könnten – man würde es ihnen abnehmen. Es geht vorbei an Wiesen, die sich

---

Hin & weg: Mit dem Auto oder Vulkan-Express VB-90, 94 oder 95 zu Parkplatz oder Bushaltestelle Lauterbacher Straße Hartmannshain.

Beste Zeit: Von Juni bis September.

Dauer & Strecke: 2,5 Std., 9 km.

Ausrüstung: Sonnenschutz und Sonnenbrille.

Bei dem frischen Lüftchen, das hier oben weht, ist es kein Wunder, dass genau hier der erste deutsche Windpark in einem Mitelgebirge angelegt wurde.

mit weitem Blick und kühlendem Wind ein bisschen anfühlen wie Dünenlandschaften, und kleinen Waldstücken, bis – ein Stückchen waldwärts vom Rundweg aus – zur Schanze. Diese baut sich hinter den Wipfeln auf und thront mitten im Panorama.

Zurück auf dem Rundweg geht's über Bermuthshain zurück, immer am Lüderbach längs. Im Ort selbst kommt man an zwei Gaststätten vorbei, wo Hunger und Durst gestillt werden können: Im Deutschen Haus oder beim Wilden Mann (beide www.daesch.de) lässt sich gut eine Pause einlegen. Oder man folgt einfach

weiter dem Weg Richtung Ausgangspunkt, zu dem die letzten Kilometer dann wieder der Vulkanradweg führt, und spart sich die Stärkungspause bis zum Schluss auf.

FAZIT: AUCH OHNE SCHNEE UND WAGEMU-TIGE SPORTLER EIN ECHTES ERLEBNIS.

GELIEBTER STAU

 … an der Antrifttalsperre

 **#15**

Manchmal ist Stau etwas Wunderbares, zumindest solange er nirgendwo anders für Entschleunigung sorgt als in der herrlichen Landschaft rund um die Antrifttalsperre. Hier trifft Baukunst auf Naturschutz, und an einem lauen Herbsttag kann es sich sogar noch lohnen, ein kurzes Sonnenbad einzuplanen.

Win-win: Der Stausee schützt vor Hochwasser und zieht Wasservögel an, die Besuchern hier Einblick in ihren Alltag bieten.

der Wasservögel, die in der Herbstsonne noch einen Badetag einlegen.

Dass die herrlich ruhigen Seen, die der Rundweg gleich zu Beginn in Nord- und besonders streng naturgeschützten Südteil trennt, von Menschenhand gemacht sind, gerät so glatt in Vergessenheit.

In den 1970er-Jahren hatte die Politik hier entschieden, die Antrift, einen knapp 40 Kilometer langen Zufluss der Schwalm, aufzustauen und damit schlimme Schäden, wie beim Hochwasser im Dezember 1960 mit 32 Quadratkilometern überflutetem Land in unmittelbarer Nähe zur Schwalm, zu vermeiden. Bislang hat das auch ganz gut geklappt. 3,2 Millionen Kubikmeter Wasser kann der Stausee in Hochwasserzeiten fassen!

Wie gut, dass langsam der Herbst kommt und die Sonne nicht mehr so brutzelt wie in den letzten Wochen – das Badeverbot im Natur- und Vogelschutzgebiet einzuhalten wäre sonst eine ganz schöne Tortur an diesem See, in dessen stahlblauem Wasser sich so hübsche Schäfchenwolken spiegeln.

Los geht die Seenrunde, die sich auch wunderbar joggend bewältigen lässt, im Alsfelder Stadtteil Angenrod. Dorthin gelangt man per Bus oder Auto. Vom Ortskern folgt man der Taubengasse ortsauswärts und biegt dann gegenüber dem Spielplatz links auf einen Feldweg Richtung See ab. Ein kleines Waldstück lässt man unterwegs noch hinter sich, und dann gibt's nichts mehr außer einem selbst und die paradiesische Stille der Natur. Und natürlich das Schnattern, Rufen und Flattern

Weiter in Richtung Überfalltrichter passiert man das Seehotel Michaela (www.seehotel-michaela.de), wo man eine kleine Kaffee- oder Essenspause einlegen oder gleich übernachten kann. Zum Beispiel wenn man für den zweiten Teil der Runde darauf warten will, dass am nächsten Morgen in aller Herrgottsfrüh die Natur frisch ausgeruht in einen neuen Tag startet. Sonst geht's am Ostufer des Sees gleich weiter Richtung Süden und über die Felder zurück nach Angenrod.

Unterwegs geht's durch Waldrandgebiete am Seeufer und vorbei an bunten Privatgärten.

FAZIT: GIBT'S EINEN SCHÖNEREN SPIEGEL ALS DAS STILLE KLARE WASSER NATURUMGEBENER SEEN?

Hin & weg: Mit dem Auto nach Angenrod. Ab dem Alsfelder Bahnhof fährt auch ein Anruftaxi zur Haltestelle Angenrod B62 (nur nach Voranmeldung).

Beste Zeit: Wenn sich von September bis November Herbstfarben breitmachen.

Dauer & Strecke: 1,5 Std., 4 km.

Ausrüstung: Bei viel Glück mit dem Herbstwetter: Sonnenbrille und eine Decke fürs Sonnenbad.

GANZ SCHÖN RITTERLICH

⟩ … vom Herrnhaag auf die Ronneburg ⟨

#16

Von einer Büdinger Siedlung, in der sich einst eine pietistische Glaubensgemeinschaft niedergelassen hat, geht's in einem kurzen Spaziergang auf die Ronneburg kurz hinter die Grenze zum Main-Kinzig-Kreis, eine der schönsten und am besten erhaltenen Burgen in ganz Hessen.

Die ältesten Teile der heutigen Burganlage stammen aus dem frühen 14. Jahrhundert.

Ein bisschen erinnert der Startpunkt der Tour an längst vergangene Zeiten. Ehemalige Gemeinschaftswohnhäuser für alleinstehende Männer und Frauen, eine alte Apotheke, ein Backhaus, Pferdekoppeln und ein historisches Brunnenhaus. Erstbesiedelt wurde das Gelände im 18. Jahrhundert von Glaubensbrüdern und -schwestern einer pietistischen Kirchengemeinschaft: der Herrnhuter Brüdergemeinde um den Grafen von Zinzendorf.

Einige Mitglieder der evangelischen Gemeinde sowie ein Freundeskreis erfüllen die Gegend noch heute mit Leben und halten die verbleibenden Gebäude des historischen Herrnhaag in Schuss. Für interessierte Besucher des Ortsteils von Büdingen machen die Mitglieder auch regelmäßige Führungen

und erzählen vom Leben und Alltag der ersten Siedler.

Dieser war – zunächst zumindest – so friedlich, wie man es sich nur wünschen konnte, wenn man gerade wegen des Glaubens aus seiner Heimat vertrieben wurde. Der ers-

Hin & weg: Mit dem Auto zum Parkplatz an der Kirche Herrnhaag oder Bus FB-44 ab Büdingen zur Station Herrnhaag. Am westlichen Ende der Amanastraße unterhalb der Burg in Altwiedermus geht es mit dem Bus FB-44 wieder zurück.

Beste Zeit: Sobald die Herbstfarben für Farbenpracht sorgen.

Dauer: 3,5 Std., 11 km.

Ausrüstung: Matschfeste Schuhe.

Neben regelmäßigen Burgfestspielen und einem Weihnachtsmarkt gibt es hier auch Schwertkampf- und Bogenbau-Kurse.

te Zufluchtsort nach der Ankunft in Hessen zeichnet sich beim Überqueren der Landstraße Richtung der Kirche am Herrnhaag schon auf dem Plateau eines Basaltkegels ab: die mittelalterliche Ronneburg.

Sie stellte der Graf zu Ysenburg und Büdingen den Glaubensflüchtlingen aus Sachsen zuerst als Wohnraum zur Verfügung. Die Burg liegt knapp eineinhalb Stunden gemütliche Wanderung über Felder und bewachsene Hügel vom Herrnhaag entfernt.

Als eine der besterhaltenen Burganlagen Hessens, die vor allem der Renaissance-Stil prägt, ist sie ein wunderbarer Ort dafür, in der Fantasie ein wenig ins Mittelalter abzutauchen. Im Schatten des 32 Meter hohen Bergfrieds und alter Torhäuser lässt es sich in aller Ruhe auf Entdeckungstour gehen. Oder man legt seinen Besuch gleich auf eine der vielen Mittelalterveranstaltungen, die das heute unbewohnte Gemäuer wieder mit Leben füllen. Wirklich bevölkert wird die Burg inzwischen tatsächlich nur noch von geflügelten Bewohnern. Pfauen spazieren auf dem Gelände umher, und hinter einem Zaun hört man immer mal wieder die Rufe der Greifvögel, die hier in regelmäßigen Flugschauen zu beobachten sind. Danach geht's unbedingt noch auf einen Abstecher in die Burggaststätte (www.restaurant-ronneburg.de), wo auch regelmäßige Ritteressen stattfinden.

> **FAZIT: UM SICH INS MITTELALTER ZU TRÄUMEN, BRAUCHT MAN GAR NICHT VIEL FANTASIE — SOLANGE DAS SETTING STIMMT.**

HERBST AM SEE

⇒ … in Freiensteinau ⇐

#17

Das Rascheln des Laubs, schnatternde Wasservögel und die bezaubernde Ruhe des Naturschutzgebiets: Gründe für einen Spaziergang hier rauszufahren gibt's genug. Wer die größere Runde laufen will, umrundet einfach drei Mooser Seen auf einen Schlag.

Die Seen gehören zu den wenigen in der Region, die nicht durch Industrie und Rohstoffabbau, sondern zur Fischzucht angelegt wurden.

So herrlich bunt der heraufziehende Herbst die Natur rund um die Freiensteinauer Seen auch macht – irgendwie herrscht Aufbruchstimmung. Die Zugvögel sitzen quasi schon auf gepackten Koffern, die Sonne hat bereits ein wenig ihrer Kraft eingebüßt, und mit dem ersten bunten Herbstlaub verabschiedet sich dann auch die Flora schön langsam in den Winterschlaf.

Umso wichtiger, das alles noch mal so richtig zu genießen und einzutauchen in die Natur des Gebiets im Südosten des Vogelsbergs, gern auch als Mooser Seenplatte bezeichnet. Die große Runde startet am Ober-Mooser See und führt von seinem Ostufer in nördlicher Richtung zunächst Richtung Nieder-Moos, wo die Badesaison gerade eingestellt wurde. Am See vorbei folgt man der Beschilderung der Drei-Seen-Runde (das rot-grüne Vulkansym-

bol steht für die Vogelsberger Extratouren) gen Westen zum Rothenbach-Teich und von dort aus in südlicher Richtung weiter zum Ober-Mooser See, den der Weg zurück zum Ausgangspunkt noch einmal fast umrundet.

Abgesehen vom Nieder-Mooser See, dem größten der drei Seen mitsamt einem Campingplatz sowie Bade- und Angelplätzen, gibt der Naturschutz den Ton an. Gebadet werden darf nur, wo es ausdrücklich erlaubt ist. Die

Hin & weg: Mit dem Auto zum Parkplatz am Ober-Mooser See.

Beste Zeit: Sobald der Herbst in den Startlöchern steht und Farbe in die Natur bringt.

Dauer & Strecke: 3,5 Std., 13 km.

Ausrüstung: Vogelstimmen-App auf dem Smartphone für lehrreiche Momente.

Gewässer – die ursprünglich als Fischteiche reicher hier lebender Adliger angelegt worden waren – bleiben so ein geschützter Lebensraum für seltene Wasservogelarten: Eisvögel, Schwarzstörche und Kormorane etwa lassen sich neben vielen schon längst hier heimischen Arten beobachten.

Wer sich von ihnen in Ruhe faszinieren lassen will, macht am besten einen Abstecher in die Walter-Kreß-Hütte, ein Vogelbeobachtungshäuschen, in dem regelmäßig Naturfotografen und Ornithologen anzutreffen sind. Ist gerade

mal niemand zur Stelle, der einige Fragen zu den verschiedenen vor Ort zu findenden Arten beantworten kann, muss eine der diversen Smartphone-Apps dabei helfen, die diversen Vogelstimmen zu identifizieren.

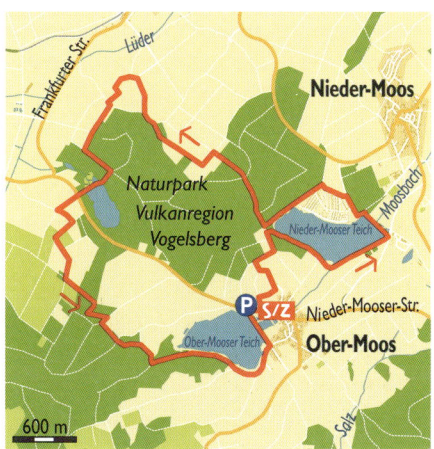

FAZIT: DASS DIE BADESAISON AM FREIZEITSEE IN NIEDER-MOOS VORBEI IST, MACHT DIE SPAZIERRUNDE UM DIE SEEN PROBLEMLOS WETT.

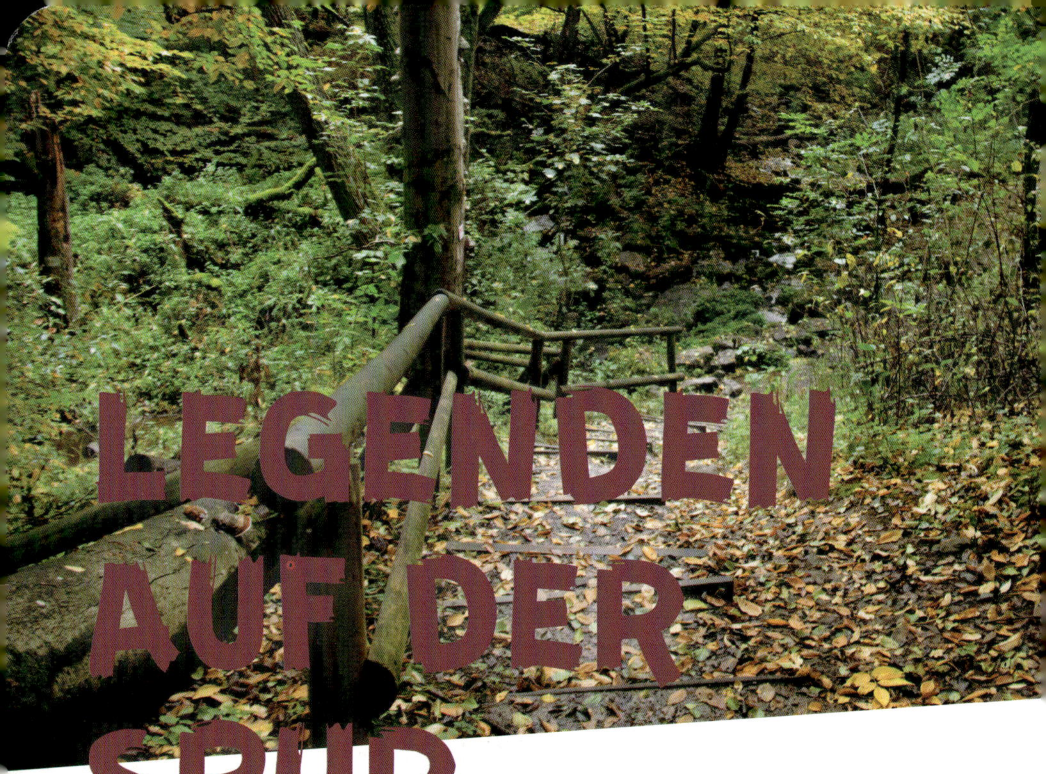

LEGENDEN AUF DER SPUR

… auf dem Schächerbachrundweg in Homberg

#18

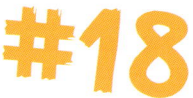

Hinter den Wirkungsstätten der Gebrüder Grimm in Nordhessen, wo die Natur zahlreiche Märchen inspiriert hat, muss sich auch der Vogelsberg nicht verstecken. Im Südwesten von Homberg an der Ohm führt der Schächerbachrundweg durch ehemaliges Räuberterrain zu Orten, die von Legenden nur so wimmeln.

#tragischundkurios #überdieOhmhüpfen #imbuntenHerbstwald #Flauschalarm

Hier spielt sich seit Jahrhunderten das Leben am Wasser ab – kein Wunder, dass überall Geschichten warten.

Also irgendwas stimmt nicht mit dem Wasser in der Gegend ... Zumindest spielten sich den Legenden nach die verrücktesten Geschichten oft genau dort ab. Von einem verschwundenen Müller, ertrunkenen Jungfrauen und verborgenen Goldschätzen wurde über die Jahrhunderte erzählt; die Geschichten dazu lassen sich an den Orten nachlesen, wo sie sich abgespielt haben sollen. Was feststeht: Passiert ist in der Vergangenheit so einiges,

denn der Schächerbach trägt seinen Namen aufgrund zahlreicher Räuber, die hier einst ihr Unwesen getrieben haben. Ihre Geschichten sind nicht ganz so gut überliefert, aber wer weiß – vielleicht stapft man ja gerade durch die Fußabdrücke eines ungeahnten hessischen Robin Hood.

Mystisch genug wären die Waldwege und Pfade, auf denen der Rundweg durch die Land-

Die Sage vom „Jungfernloch"

Im Morgenrot eines Frühlingstages kam dereinst von Homberg
her eine edle Jungfer talaufwärts entlang des
Schächerbachs auf einem feurigen Schimmelhengst geritten.
In freudiger Erregung soll sie ausgerufen haben:
„Oh, hier ist es schön, viel schöner als daheim auf Vaters Bergschloß.
Hier wollte ich immer bleiben, mit Euch, ihr lieben Wässerlein spielen,
mit Euch, Ihr lieben Fischlein, im klaren Wasser mich tummeln!"
Neugierig reitet das Burgfräulein tiefer und tiefer in den
morastigen Boden um das heutige Jungfernloch.
Der Schimmel sträubt sich immer wieder weiterzugehen.
Doch berauscht vom Erleben sieht das Mädchen die
Gefahren nicht und treibt das sich widerstrebende
Tier weiter in den Sumpf, bis schließlich Reiterin und
Pferd in dem Morast versinken. Seit diesem traurigen
Ereignis heißt dieser idyllische Waldteich
„Jungfernloch" oder „Jungfernborn".

schaft des namensgebenden Schächerbach-
tals führt, sicher. Zu ihnen gelangt, wer vom
Stadthallenparkplatz in Homberg an der Ohm
dem ausgeschilderten Wanderweg Richtung
Süden durchs Mühltal folgt, wo noch eine
ehemalige Eisenbahnbrücke beeindruckende
Wow-Ausblicke über die Ohm schafft. Vorbei am Landgasthof Pletschmühle und einem
Zeltplatz geht's auf Waldpfaden immer am
Schächerbach entlang, dessen Mündung in
die Ohm später das Ziel sein wird.

Kurz vor dem Stadtteil Deckenbach quert man
den Bach, und dann beginnen sie sich zu häu-
fen, die sagenhaften Orte. An der Naturquel-
le Goldborn soll sich ein Schatz verstecken,
Zoberwiesenteich und Jungfernloch erzählen tragische Geschichten junger Mädchen,

die dort ums Leben gekommen sein sollen.
Was dran ist? Das weiß nur die Legende. Am
Schwarzen Meer kurz vor Deckenbach macht
der Rundweg dann einen Knick und führt am
anderen Ufer des Bachs wieder nordostwärts
zurück nach Homberg.

Ein Päuschen kann trotz leichter Tour kurz vor
Ende sicher nicht schaden. Da kommt das

Hin & weg: Mit dem Auto zum Tourstart am
Stadthallenparkplatz. Busse halten in Homberg
regelmäßig am nahegelegenen Rathaus.

Beste Zeit: Ab Ende August.

Dauer & Strecke: 2,5 Std., 9 km.

Ausrüstung: Kamera zum Abfotografieren, Nachlesen und Nacherzählen der Sagen.

Auf den vielen Infotafeln unterwegs kann man sich in die Sagen und Legenden der Region einlesen.

Restaurant in der historischen Hainmühle (www.hainmuehle.de) gerade recht, vor der man noch schnell mithilfe von Trittsteinen die Ohm wieder überquert. Entweder setzt man sich direkt ins Gasthaus oder lehnt sich neben den Rinderweiden mit einer Jause auf bequemen Natursesseln zurück und genießt das Naturkino, das die flauschigen Kühe und Kälbchen aufs Parkett legen. Von hier aus ist es dann auch nicht mehr weit zum Start der Tour an der Stadthalle.

> **FAZIT: WENN MAN FEST GENUG DRAN GLAUBT, WERDEN DIE SAGEN UND LEGENDEN GANZ IN DER NÄHE VON HOMBERG AN QUELLEN UND BACHLÄUFEN LEBENDIG.**

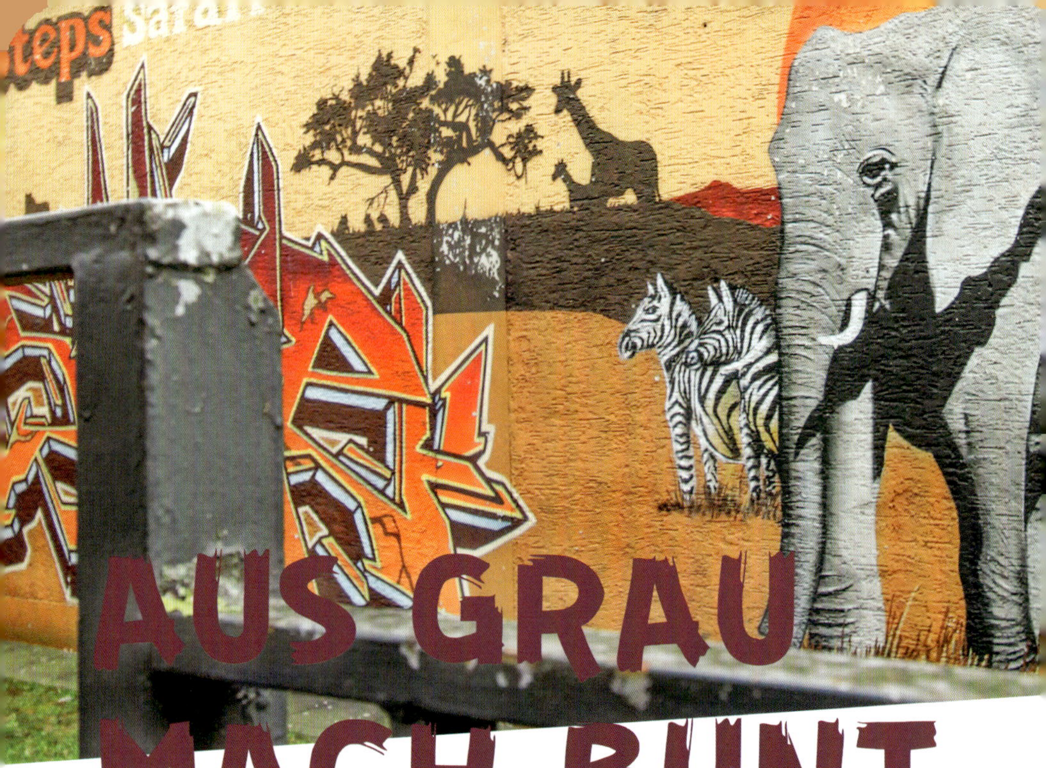

AUS GRAU MACH BUNT

… auf Street-Art-Tour in Gießen

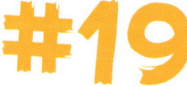

#19

Grau, trist, langweilig – diese Vorurteile hat die Unistadt Gießen ziemlich erfolgreich abgeschüttelt. Unter anderem dank der Streetart-Truppe 3steps, die unter dem Hashtag #rivertales Stadtverschönerung betreibt und damit auch internationale Kollegen für Gießens Hauswände begeistert hat.

Beauftragte Kunstwerke gehören in Gießen inzwischen zum Stadtbild.

Ein überlebensgroßer Tiger, Elefanten, Zebras, ein Fuchs, Miezekätzchen und eine ganze Walfamilie – wer auf Erkundungstour in Gießen einen genaueren Blick auf die Hauswände wirft, kann sich fast einen Zoobesuch sparen. Und bunter als die Wirklichkeit sind die Werke von Streetart-Künstlern aus aller Welt noch dazu. Die Profis nennen das *Mural Art* und fassen damit in Worte, was für ihre Kunst Vorteil und Schwierigkeit in einem ist: Die Grenzen der Leinwand sind mächtig. Zu sehen am Start

der Tour am Gießener Bahnhof Oswaldsgarten unweit der Lahn. Seit 2017 scheint hier im *Battle Royal* ein Tiger aus der Front eines Wohnhauses auf die benachbarte sechsspurige Stadtstraße springen zu wollen.

Dabei ist Gießen – mit knapp 90 000 Einwohnern fast offiziell Großstadt – in vielen Köpfen bislang nicht mit allzu viel Schönem verbunden. Die Region prägten vor allem Industrie und Landwirtschaft, die Stadt selbst das

Militär. Was im Zweiten Weltkrieg zerbombt wurde, ist nicht wie andernorts kunstvoll wiederaufgebaut, sondern abgetragen und durch Nachkriegsarchitektur ersetzt worden – in allen Grautönen, auf die der Regenbogen dankend verzichtet. Und genau dies hat Gießen über lange Jahre sein Klischee aufgedrückt. Bekannteste Bausünde: die als »Elefantenklo« bekannte Fußgängerbrücke unweit des Hauptbahnhofs.

Die Stadt zu verschönern ist die große Mission von 3steps: Das Kollektiv, bestehend aus den Graffiti-Künstlern Kai H. Krieger, Uwe H. Krieger und Joachim Pitt, beweist Talent und Heimatliebe und macht seit Anfang des Jahrtausends die Stadt eine ganze Ecke bunter. Ihre Königsidee ist die Organisation des regelmäßig stattfindenden Streetart-Festivals

River Tales (www.river-tales.de), das internationale Künstler anzieht. Und so kommt man eigentlich selten nach Gießen, ohne irgendwo etwas Neues zu entdecken. Von der Haltstelle aus geht's weiter Richtung Dammstraße, wo die Künstler die Fassade eines Kiosks als Auftragsarbeit bunt gestaltet haben, vorbei an einem Schulhof, auf dem Elefanten, Zebras und Gazellen ein Bad im Licht der untergehenden

Hin & weg: Mit der Bahn zum Bahnhof Gießen Oswaldgarten. Zurück geht's vom Hauptbahnhof.

Beste Zeit: Sobald das Wintergrau nicht mehr auszuhalten ist.

Dauer & Strecke: 4 Std., 5 km.

Ausrüstung: Platz im Rucksack, falls einer der kreativen Läden der Innenstadt zur spontanen Shoppingtour inspiriert.

Weil die junge Kunstszene nur selten Kreativpausen braucht, gibt es hier bei so ziemlich jedem Besuch Neues zu entdecken.

Sonne der Savanne nehmen. Etliche der Werke von Gastkünstlern der River Tales finden sich unterwegs in der Umgebung der Technischen Hochschule, rund um die Ringallee. Vorbei am Botanischen Garten der Uni gelangt man schließlich in die Innenstadt, wo sich das Burger-Restaurant Gutburgerlich (www.gute soehne.de) als Ort für eine Pause anbietet. Direkt um die Ecke gestaltete der polnische Künstler Swanski 2011 eine Hausfassade. Am Hauptbahnhof endet der bunte Abstecher an einem Stück Geschichte. Auf dem Vorplatz stehen seit 2015 drei Teile der Berliner Mauer, die ebenfalls von 3steps in die Stadt gebracht wurden – als Mahnmal und Aufruf, Mauern einzureißen. Ihre Bemalung wird in unregelmäßigen Abständen umgestaltet.

FAZIT: HIER SORGT DAS BUNT FÜR GUTE LAUNE, UND DIE STREETART-SZENE BEREITET IMMER NEUE ÜBERRASCHUNGEN.

NATÜRLICH EINFACH

… auf dem Dottenfelderhof in Bad Vilbel

#20

Wo Mensch und Tier so friedlich zusammenleben, muss die Harmonie ja ansteckend sein. Während im Winter auf dem Dottenfelderhof das neue Landwirtschaftsjahr vorbereitet wird, können Besucher von der Metropolregion in die Stallwärme abtauchen.

Die Milchprodukte, die hier auf dem Hof gewonnen werden, gibt es auf vielen Erzeugermärkten in der Region zu kaufen.

auf den Feldern ringsum. Und das überträgt sich auch auf die Besucher, die montags bis samstags von den über hundert (menschlichen) Hofbewohnern auf einer Stippvisite genauso gern gesehen sind wie bei der Teilnahme an den diversen Kursen von Schnitzen bis Brotbacken und beim Wocheneinkauf im riesigen Bio-Hofladen. Jeden Sonntag bleiben die Mitarbeiter des Hofes, von denen auch viele auf dem Gelände leben, ausnahmsweise unter sich.

Im Gegensatz zu den warmen Monaten geht's gerade im Winter gemächlich zu, und selbst die sechs Zuchtsauen und ihre Ferkel lassen sich nur von den einzelnen Sonnenstrahlen nach draußen locken. Statt Blumenfeld zum Selberpflücken und Wildkräuterführung stehen die Vorbereitungen auf die neue Saison im Vordergrund. Die matschigen Traktoren auf dem Kopfsteinpflaster vorm Stall zeugen davon, dass fleißig gewerkelt wird. Denn der fruchtbare Wetterauboden allein sorgt dann doch nicht für die reiche Obst- und Gemüseernte. Die kahlen Apfel-, Birn-, Zwetschgen-,

Kuh müsste man sein – zumindest hier! Während die Tage draußen beißend und grau sind, herrscht drinnen im Kuhstall die pure Gemütlichkeit. Da wird im frischen Stroh gewühlt, herzhaft gekaut, das Leben genossen. Kein Wunder, dass die Milch der 80 Kühe, die auf dem Hof leben, als eine der besten der ganzen Wetterau gilt.

Der Dottenfelderhof (www.dottenfelderhof.de) am Stadtrand Bad Vilbels ist ein Vorzeigebetrieb in Sachen Landwirtschaft. 1968 als Gemeinschaftsprojekt mehrerer Familien gegründet, steht er für die Ideale einer ganzen Generation, die aktueller nicht sein könnten. Hier schlägt sich die Liebe zur Natur im Zusammenleben von Mensch und Tier genauso nieder wie in der nachhaltigen Landwirtschaft

Hin & weg: S-Bahn oder Regionalbahn bis Bad Vilbel. Von hier aus mit dem Bus FB-62/74 oder 20 Min. zu Fuß.

Dauer: 2 Std.

Beste Zeit: Montags bis samstags. So richtig heimelig wird's ab Herbst.

Ausrüstung: Keine Leckereien für die Tiere! Das Füttern übernimmt das Hofteam.

In kleinen Kräuterbeeten und auf großen Feldern entsteht, was im Hofladen verkauft und fürs Café verarbeitet wird.

Quitten- und Kirschbäume in den Gärten bereiten sich auf die baldige Blütezeit vor, und auf den Feldern wachsen Jahr für Jahr andere Gemüse- und Getreidesorten – so wie es für den Boden am besten ist.

Im Rhythmus einer festgelegten Reihenfolge werden Kartoffeln, Rote Beete, Möhren, Kürbis, Sellerie, Lauch und Kohl jedes Jahr auf einem anderen Feld angepflanzt, und zwar auf natürlich gedüngtem Boden. Informationstafeln entlang der Feldwege erklären, wie das Konzept funktioniert. Dass es das tut,

schmeckt man. Mehr zum Thema Landwirtschaft lernen, kann man auf diese spannende Weise in der Region nirgendwo.

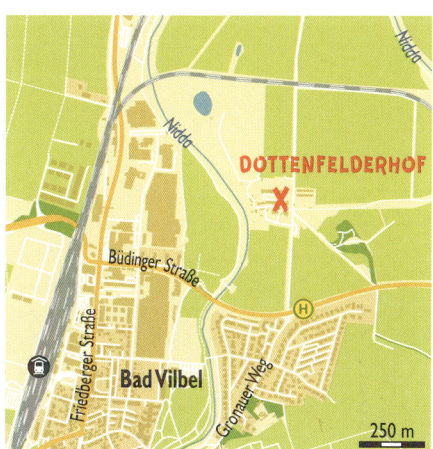

FAZIT: DER TRAUM VOM EINFACHEN LEBEN KANN SO HERRLICH ANSTECKEND SEIN.

KUR GEGEN WINTER- BLUES

... rund um das Sprudelbad Bad Nauheim

#21

Ein verstaubteres Image als das Konzept Kur – kaum vorstellbar im Zeitalter Instagram ... dabei liegt es doch voll im Trend, die Kraft der Natur für mehr Wohlbefinden zu nutzen. Mit sprudelnden Fontänen, fröhlich pfeifenden Vögeln und ganz viel Grün schüttelt Bad Nauheim jedes verstaubte Image ab.

Herrlicher Platz zum Verlieben und Liebe-feiern: Am Großen Teich im Kurpark sorgen Liebesschlösser für Romantik.

Das Duell an so einem Wintermorgen mitten im historischen Sprudelhof, dem Wahrzeichen der Kurstadt Bad Nauheim, ist schnell erklärt: Kälte gegen Sonne – Winter versus Frühling. Im Herzen der Kuranlagen hängen dicke Dampfwolken über den namensgebenden Springbrunnen im Hof der Badeanlage. Die ersten kräftigen Sonnenstrahlen, die drauf und dran sind, den Kampf für sich zu entscheiden, spiegeln sich im Wasser der plätschernden Fontäne.

Rings um die Szenerie stehen Jugendstilgebäude, die eigentlich fast besser in ein Bilderbuch passen würden als in die Realität. In Auftrag gegeben hatte sie Anfang des 20. Jahrhunderts der kunstbegeisterte Großherzog Ernst Ludwig von Hessen und bei

Rhein, der damit die Weichen stellte für die heutige Gesundheitsstadt Bad Nauheim. Die sechs Badehäuser wurden im Jahr 1912 fertiggestellt und boten seinerzeit Platz für über 250 Badezellen. Heute ist ein Großteil des Gebäudes zweckentfremdet. In einem der Badehäuser wird etwa das Theater Alte Feuerwache (taf.theater) betrieben.

Hin & weg: Mit Bus oder Bahn zum Bahnhof Bad Nauheim.

Beste Zeit: An einem sonnigen Wintermorgen. Auch wenn das große Blühen da noch auf sich warten lässt: Das Vogelgezwitscher schafft Frühlingsgefühle.

Dauer: 3 Std.

Ausrüstung: Dicke Socken in Winterschuhen, Sonnenbrille.

Unter den Bogengängen vor den historischen Bade-
häusern reist man in die Zeit des Jugendstils.

In wenigen Schritten ist man von den Fontänen des Sprudelbad-Innenhofs im herrlichen
Kurpark, einem englischen Landschafts-
garten, der von Heinrich Siesmayer, dem
berühmten Erbauer des Frankfurter Palmen-
gartens, angelegt worden ist. Wer sich stärken will, findet hier das Schweizer Milch-
hüsli (www.schweizer-milchhaus.de), das mit
dampfenden Suppen, Kaffee, Kuchen und der
perfekten Mischung aus herrlich altbackenem
Kurchic und moderner Kulinarik lockt.

Kilometerlange Pfade, gesäumt von steinalten
Bäumen, führen – immer dem Plätschern der
Usa nach – vorbei an kleinen Wasserfällen und
hin zum herrlichen Parkteich mit seiner sprudelnden Fontäne. Auf dem Rückweg weckt
die Minigolfanlage trotz ihres Winterschlafs
Kindheitserinnerungen. Fun Fact: Auch Elvis
Presley, der hier in Soldatenjahren zwischen
1958 und 1960 anderthalb Jahre residierte,
ließ hier sicher das ein oder andere Mal die
Seele baumeln.

Frühlings- und Sommerfarben findet man
zu dieser Jahreszeit zwar noch keine, dafür
funkelt der Raureif in der Sonne besonders
hübsch. Von den Bäumen, die traumhaft lange Schatten werfen, hört man zudem bereits
das erste begeisterte Zwitschern. Da heißt es
genauer hinschauen und sich an der Tatsache
freuen, dass die Wörter kalt, nass und grau
bald wieder der Vergangenheit gehören.

**FAZIT: NATURGENUSS GEHT AUCH MAL
OHNE PRÄCHTIGES BLÜTENMEER.**

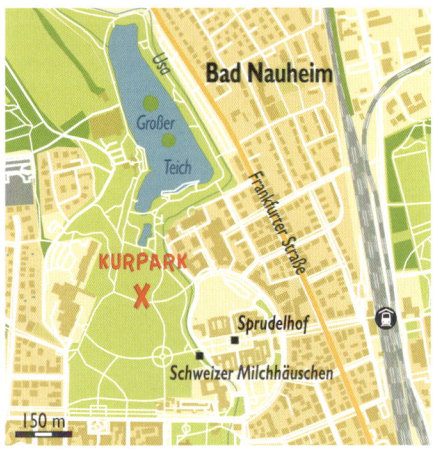

2. KAPITEL
AUSFLÜGE

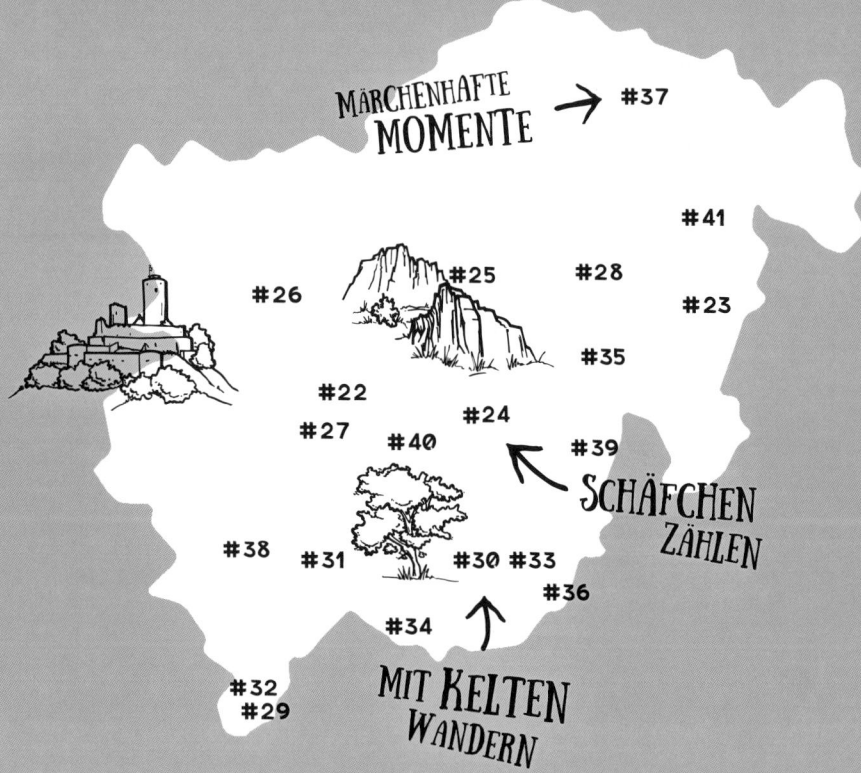

MÄRCHENHAFTE
MOMENTE → #37

#41

#26   #25   #28   #23

#35

#22
#27   #40   #24
#39 ← SCHÄFCHEN
ZÄHLEN

#38   #31   #30 #33
#36

#34 ↑
MIT KELTEN
WANDERN

#32
#29

Raus für einen Tag

Im Kanu über die Lahn, mit der schnaufenden Dampflok, per Tritt in die Pedale oder ganz altmodisch zu Fuß – jeder Weg führt irgendwann zum nächsten Abenteuer.

12 H

SCHMUCKE RUINE

⟩ ... auf dem Lutherweg zum Kloster Arnsburg ⟨

#22

Mit majestätischen Säulengängen und herrlicher Natur, die sich das Grundstück der alten Zisterzienserabtei im Süden von Lich nach und nach zurückerobert, kann man fast vergessen, dass man mitten in einer Ruine steht.

Mit etwas Fantasie versetzt einen die Klosterruine an Drehorte von Historiendramen und Fantasyfilmen.

Der Weg von der Licher Innenstadt aus entlang der plätschernden Wetter, der Wiesen und des Waldes hierher ist Teil des Lutherwegs Hessen – ein Pilgerweg, der die Bewegungen Martin Luthers von Worms bis Eisenach nachvollzieht. Wo genau er hier langgegangen ist, darüber streiten die Historiker bis heute, aber sollte Luther diese Klosterarchitektur unterwegs gesehen haben, er hätte es einem gleichgetan. Wow, wirklich!

Gegründet wurde das Kloster von Zisterziensermönchen des Klosters Eberbach im Rheingau, die Ende des 12. Jahrhunderts auf Geheiß Kunos I. von Münzenberg in die Wetterau kamen und nach und nach den Gebäudekomplex mit seinen zahlreichen Sakral-, Wohn- und Wirtschaftsbauten errichteten. Weite Teile der heute sichtbaren Gemäuer stammen noch aus dem Mittelalter. Seit dem frühen 19. Jahrhundert ist von den Mönchen abgesehen von Mauern und Grabsteinen aber keine Spur mehr. In der alten Klostermühle (www.alte-klostermuehle-arnsburg.de) direkt auf dem Gelände befindet sich heute etwa ein modernes Fine-Dining-Restaurant.

Was regt die sich eigentlich so auf? Lebt im schönsten Altbau der Stadt, umgeben von saftigem Grün, und genießt die Aussicht auf den herrlichen Sonnentag. Und trotzdem schimpft die Amsel, dass es nur so durchs Gemäuer hallt. Aber gut, dann hat eben wirklich jeder mal einen schlechten Tag ...

Dem menschlichen Klosterbesucher entfährt beim Betreten des Innenraums dagegen erst mal ein Wow, nachdem das Drehkreuz, das man gegen einen kleinen Betrag passieren darf, hinter einem liegt. Meterhohe Säulen ragen in den blauen Himmel, Sonnenstrahlen schaffen faszinierende Schattenspiele, und die Rückseite des Mittelschiffs, auf dem sich die Amsel so gemütlich eingenistet hat, erstrahlt bereits in den schönsten Grüntönen.

Hin & weg: Mit Bahn, Bus oder Auto zum Bahnhof Lich im Stadtzentrum.

Beste Zeit: Wenn das Frühjahr Farbe in die Natur bringt und die Ruine Vögelchen anzieht.

Dauer & Strecke: 5 Std., 13 km.

Ausrüstung: Bequeme Schuhe, Kleingeld, um durchs Drehkreuz zu kommen.

Der Lutherweg existiert als Pilgerpfad seit 2017. Die Gesamtstrecke zwischen Worms und Eisenach ist knapp 400 Kilometer lang.

Noch einen letzten Blick auf die Sonnenstrahlen geworfen, die durch die Fensterbogen in den Kreuzgang fallen? Dann wird das grüne L des Lutherwegs, das über Frankfurt weiter nach Worms führt, links liegen gelassen, und der Spaziergang geht über Wald- und Wiesenwege noch ein wenig durch die Landschaft der Licher Vororte. Über aussichtsreiche Feldwege geht's zurück zum Ausgangspunkt am Licher Bahnhof.

FAZIT: UM EINFACH MAL GENUSSVOLL EINEN PILGERWEG EINZUSCHLAGEN UND VOLLER BEGEISTERUNG KLÖSTER ZU BESICHTIGEN, BRAUCHT ES GAR KEINEN STRENGEN GLAUBEN.

SEICHTE WASSER GANZ DUNKEL

… auf dem Geopfad Vogelsberg

#23

Während nach dem Winter langsam wieder Leben und Licht in den Wald kommen, plätschert der Schwarzbach weiter im gewohnten Gang, mysteriös und ganz schön dunkel. Wer dem Flüsschen über Waldwege folgt, findet unterwegs bizarr geformte Klippen und Vulkangestein.

Fuji – Japan 9130 km

Mt. St. Helens – USA 8350 km

Kilimandschara 6530 km

Surtsey – Island 2380 km

Ätna 1510 km

Mont Dore – Frankreich 870 km

Kaiserstuhl 270 km

Laacher See 170 km

Mitseburg 70 km

Eyjafjalla 2528 km

Es gibt diese Orte, an denen würde es einen nicht wundern, wenn völlig aus dem Nichts die Stimme von Richard Attenborough durchs Gebüsch schallen und rufen würde: »Willkommen in Jurassic Park«. Einsatz Orchester – das Abenteuer beginnt. Zugegeben, mit geklonten Dinosauriern kann der Vogelsberg selbst in seinen mystischsten Winkeln nicht dienen,

Hoherodskopf
764 m

S/Z H

Ilbeshausen-
Hochwaldhausen

600 m

Die bekanntesten aktiven Vulkane der Welt sind heute Tausende Kilometer entfernt. Irgendwie auch beruhigend.

aber das mit dem Urwaldfeeling bekommt der Wald links und rechts des Schwarzen Flusses problemlos hin.

Entlang des schmalen Flusses fügen sich moosbedeckter Basaltstein, satt dunkelgrüne Farne und gewaltige Bäume des Oberwalds zu einer Art Urwald zusammen, die den Auftakt des Naturparks Vulkanregion Vogelsberg machen. Ziel der Tour, die im Grebenhainer Ortsteil Ilbeshausen-Hochwaldhausen direkt am Kurpark startet, ist mit dem Hoherodskopf immerhin der zweithöchste Berg des Vogelsbergs. Dort ermöglichen zahlreiche Restaurants wie etwa der Berggasthof Zum Steira (www.berggasthof-zum-steira.de) eine Halbzeitpause. Wer der rotbraunen Wandermarkierung folgt, den nimmt der Geopfad mit auf eine Reise durch die Erdgeschichte. In eine Zeit, als große Teile des Planeten noch mit Meeren bedeckt waren, und in eine Zeit, in der oben im Vogelsberg Vulkane rauchten. Die Erde lebt, sie ist stetig im Wandel – auch wenn ein Menschenleben kaum ausreicht, ihre Entwicklungen wahrzunehmen ... Daran soll der Weg, der sanft Richtung Hoherodskopf ansteigt, erinnern.

Und kurz vorm Ziel, da lässt er sich dann tatsächlich doch noch blicken, der Dinosaurier. Im Film würde der Velociraptor einen vermutlich in Angst und Schrecken versetzen, vor Ort ist das Metallskelett allerdings friedlich und ganz und gar zweidimensional. Eine von vielen Infotafeln des Wegs erzählt hier vom Kalkgestein und der Zeit, als die Welt von »Jurassic Park« Wirklichkeit war.

FAZIT: HIER IST DER URWALD ZUM GREIFEN NAH.

Hin & weg: Mit dem Auto oder Vulkan-Express VB-91 oder -95 nach Hochwaldhausen. Beide Linien bringen einen vom Hoherodskopf auch wieder zurück, falls man sich den Rückweg zu Fuß sparen will.

Beste Zeit: Sobald im Frühjahr wieder Leben in den Wald kommt.

Dauer & Strecke: 5 Std., 14 km.

Ausrüstung: Bequeme Schuhe.

ZUM GRILLEN-KONZERT

 ... in den Wetterauer Hutungen

#24

Hufeisenförmig zwischen Ober-Mörlen und Glauburg zieht sich das Gebiet der Wetterauer Hutungen, dessen Schutz sich ein EU-Projekt widmete. Die Heide- und Magerrasenflächen haben sich daraufhin zum Naturparadies gemausert. Mit Glück kann man hier neben Schäfchenwolken sogar richtige Schafe zählen.

Ach, Schäfer müsste man sein. Den ganzen Tag unterwegs, die Krempe des Huts, der vor Sonne und Regen schützt, tief ins Gesicht gezogen, einfach draußen bei Wind und Wetter und begleitet vom tiefen »Määäääähhh« der flauschigen Begleiter. Da man das aber eben nun mal nicht ist, muss es ein Tagesausflug in die Welt der Schafhirten tun, die kaum irgendwo so schön ist wie in den Wetterauer Hutungen direkt an der Schwelle zum Vogelsberg.

Die Schäfer- und Magerrasenroute, deren Spuren man folgt, startet im Niddaer Stadtteil Eichelsdorf unweit des namensgebenden Flüsschens Nidda sowie des einmündenden Eichelbachs, deren Wasseroberflächen in der Frühlingssonne funkeln. Schritt für Schritt geht's nach Verlassen des Orts durchs hohe Gras, über schmale Pfade, vorbei an Wildblumenfeldern. Weit können sie nicht sein, die

Schäfchen, die für den Naturschutz in der Gegend seit Jahren zu den wichtigsten Personalia gehören. Sie sorgen für den Erhalt der natürlichen Magerrasenflächen, die aufgrund der nährstoffarmen Beschaffenheit des Bodens für die Landwirtschaft nie in Frage kamen – quasi als Landschaftsgärtner und CO_2-sparende Rasenmäher in einem. Auf einer der vielen Weideflächen unterwegs sind die flauschigen Tiere eigentlich immer anzutreffen.

Die Naturgebiete, die so geschaffen werden, bieten nun Lebensraum für seltene Tier- und Pflanzenarten: von zahlreichen Heidegewächsen, die hier gedeihen, bis zu seltenen Insektenarten, die summend, flatternd oder sonst wie ins allgegenwärtige Grillenkonzert einstimmen. Letzteres prägt bis kurz vors Ziel – das Stadtzentrum von Nidda, wo wieder das Plätschern übernimmt – die Geräuschkulisse.

Der historische Ortskern von Nidda ist bekannt für seine alten Brücken, Wasserräder und einige der schönsten Fachwerkhäuser der Gegend.

Doch zurück zum Schäfer, der sich auf der gesamten Strecke leider nicht hat blicken lassen: Sein Beruf, der zwischen Feldern, Weiden und Streuobstwiesen der Wetterau noch vor 100 Jahren alltäglich war, ist heute ein echtes Kuriosum, der heute kaum noch als einziger Erwerb fürs Überleben sorgen kann. Wer hier unterwegs ist, merkt aber erst mal, was er und seine Tiere für die Landschaft tun. Und würde, wenn die Sommersonne nicht so unbarmherzig wäre, direkt seinen Hut ziehen.

FAZIT: WER SEHEN WILL, WIE NATUR-SCHUTZ FUNKTIONIERT, SOLLTE MAL GANZ GENAU HINSCHAUEN.

Hin & weg: Mit Auto oder Bahn zum Bahnhof Nidda (P+R-Parkplatz); hier fahren regelmäßig die Buslinien 362 und VB-93 zum Bürgerhaus im Stadtteil Eichelsdorf, dem Startpunkt der Tour.

Beste Zeit: Tage mit Schäfchenwolken.

Dauer & Strecke: 5,5 Std., 12 km.

Ausrüstung: Sonnenschutz und ausreichend Wasser.

VON SCHLOSS ZU SCHLOSS

⅀ ... von Grünberg nach Laubach ⅀

#25

Eine besondere Möglichkeit, im Gießener Land auf Erkundungstour zu gehen, bietet der Residenzenring, der als Fernwanderweg zwischen Lich, Hungen, Grünberg und Laubach verläuft. Gerade auf der letzten Etappe stellt die Natur royale Baukunst echt ein bisschen in den Schatten.

Mit der König-Artus-Sage haben die Laubacher zwar so ganz und gar nichts zu tun, aber für Stimmung sorgt das Schwert im Stein dennoch.

Das mit dem Fachwerk meint die Gegend zwischen Wetterau und Vogelsberg ja wirklich ernst. Malerische Altstädte mit gepflasterten Plätzen, hübsche Patriziertürmchen, um deren Rundungen sich wörtlich die Balken biegen, und sogar die Schlösser und Landgrafenresidenzen von einst passen in Baustil und Form ganz perfekt ins Bild. Auf ganze vier solcher Residenzen kommt die Gegend im nordöstlichen Gießener Land, und was läge da näher, als die Schlösser und schnuckligen Altstädtchen auf einer Wanderung zu verbinden?

Pro Tag sind auf dem Fernwanderweg zwei Schlösser gut miteinander kombinierbar. Eine besonders ansprechende Etappe geht von Grünberg nach Laubach. Am Start im Stadtzentrum von Grünberg gibt's auf die ehemalige Landgrafenresidenz mit reichlich Fachwerk und Stein nur einen kurzen Blick von außen, denn das Gebäude ist heute in Privatbesitz und leider nicht zu besichtigen. Umso schöner wird es beim Überqueren des Fachwerkmarktplatzes. Der eigentliche Star der Tour jedoch ist der Weg durch das Brunnental, in das es vom Ortskern aus erst mal steil bergab geht. Unterwegs genießt man den Ausblick auf einen grün funkelnden Teich mit Schwänen und Enten, die sich keine paradiesischeren Lebensumstände hätten aussuchen können. Und während die Vögel so vergnügt vor sich hin quaken, könnte man selbst fast einfach stundenlang hier sitzen bleiben und eine Jause genießen. Dann folgt man aber doch dem Pfad, der den Wanderer durch Wald und Wiesen zum Ziel ins Fachwerkstädtchen Laubach bringt. Hier bewohnt noch heute die Grafenfamilie das Schloss, dessen Gelände mit

Brunnenhöfen und Schlosspark für Besucher zugänglich ist. Bis der Bus ab der Haltestelle Rathaus einen wieder zurück nach Grünberg fährt, bleibt sicher noch ein bisschen Zeit für eine Erkundungstour.

FAZIT: UM DEN ROYALEN TRADITIONEN DER REGION ZU FOLGEN, MUSS MAN NOCH NICHT MAL LANG SCHLÖSSER BESICHTIGEN.

Hin & weg: Mit dem Auto oder der Bahn nach Grünberg. Zurück zum Ziel fährt ab Laubach die Buslinie GI-74.

Beste Zeit: Ab April.

Dauer & Strecke: 5,5 Std., 14 km.

Ausrüstung: Jause für unterwegs.

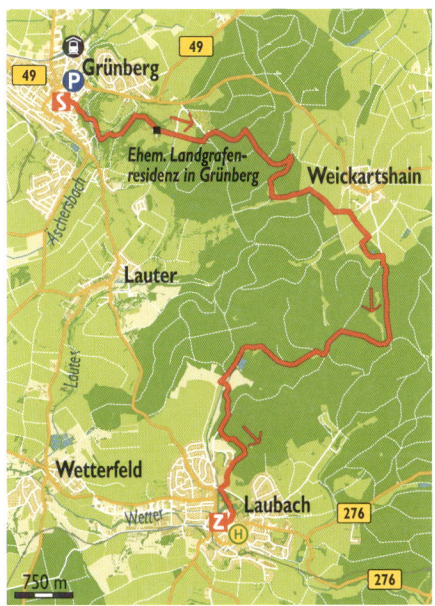

ZEIT FÜR SEEMANNS-GARN

 ... im Kanu auf der Lahn

#26

Rechts, links, rechts, links ... in schöner Regelmäßigkeit heben und senken sich die Paddel entlang der Wasseroberfläche, während das Boot gemütlich voranzieht. 18 Kilometer geht's im Leihkanu durch herrliche Natur, über Bootsrutschen und Schleusen entlang der Lahn von Gießen nach Wetzlar.

#Schleusenauf #Rutschpartie #MuckiWorkout #flussabwärts

Wenn man dem streitenden Pärchen zuhört, das da vorn am Ufer gerade Pause macht und diskutiert, wessen Fehler es nun ist, dass man nicht so schnell vorankommt wie geplant, da wird eines schnell klar: Drum prüfe, wer ins Boot sich schwingt. So eine Kanufahrt kann offensichtlich auch schon mal zum Stresstest werden. Umso wichtiger, dass sich die Gruppe bei einer Sache einig ist: Bei allem, was kommt, sollte der Spaß im Vordergrund stehen. Es kann eben einen Moment dauern, bis man als ungeübter Seebär den Dreh des Geradeausfahrens raushat, so ist es hier jedem Anfänger schon gegangen. Die Mitarbeiter vom Anbieter Kanutours Gießen (www.kanu tours-giessen.de), an deren Bootsbasis die Tour startet, erklären vorm Zuwasserlassen der Boote alle Abläufe und Sicherheitsinformationen und beantworten geduldig alle Fragen, bis die Teilnehmer sich sicher fühlen und

bereit sind fürs Abenteuer. Mieten kann man Kanus für eine Besatzung von zwei bis fünf Personen. Kajaks mit der geschlossenen Sitzluke gibt's als Einzel- oder Zweierboot. Dazu kommen die Paddel, passende Schwimmwes-

ten (sogar für Hunde, die auch mit aufs Boot dürfen) und Tonnen und Säcke zur sicheren Gepäckverstauung. Alles bereit? Dann kann es auch schon losgehen – immer flussabwärts zur Zielbasis an der Bachweide Wetzlar,

Anfangs ist das Paddeln ein bisschen Gewöhnungssache, aber wer einmal den Dreh raushat, den zieht's immer wieder zurück aufs Wasser.

durch die herrlich grüne Auenlandschaft entlang der Lahnufer.

Auf den ersten Metern direkt vorm Gießener Wehr ist zunächst ein wenig Zeit, die Kontrolle übers Boot zu erlangen und sich im richtigen Paddeltakt auszuprobieren. Einmal genau zielen, und dann geht's auch schon rein in die erste Bootsrutsche. Rasant und spritzig, so wie es sich für einen Sommertag eben

Hin & weg: Mit der Bahn zum Bahnhof Gießen-Oswaldsgarten ganz in der Nähe der Verleihstation.

Beste Zeit: Zwischen Ende Juni und Ende September.

Dauer & Strecke: 5–6 Std., 17 km.

Ausrüstung: Evtl. wasserfester Rucksack und nette Paddelbegleitung.

gehört. Vier solcher Bootsgassen liegen auf dem Weg, noch dazu zwei Handschleusen und eine Rollenkonstruktion zum Umsetzen des Boots per Hand, bis die Tour nach 18 Kilometern an der Bachweide in Wetzlar endet. Wer in der Domstadt nach Abgabe des Boots noch auf Erkundungstour gehen mag, der kommt problemlos per Bahn zurück nach Gießen. Für eine Stärkung unterwegs sorgt das Bootshaus Wetzlar (www.bootshaus-wetzlar. de) mit gemütlicher Terrasse. Alternativ bietet der Bootsverleih auch einen Shuttleservice zurück nach Gießen an.

FAZIT: EINE BESONDERS SCHÖNE ART UND WEISE, DIE NATUR RUND UM DIE LAHN VOM WASSER AUS ZU ERKUNDEN.

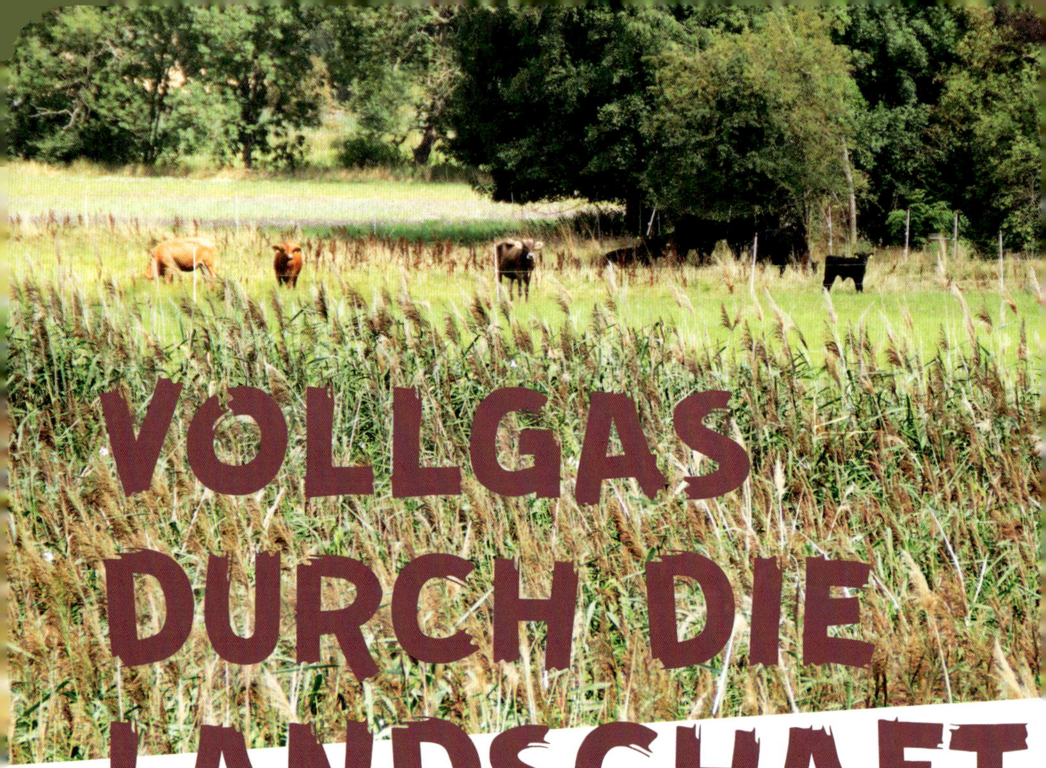

VOLLGAS DURCH DIE LANDSCHAFT

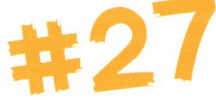

... von Bad Nauheim nach Münzenberg

#27

In jedem Ticket, jedem historischen Eisenbahnerkostüm und jedem Tuten der alten Lok spürt man die Leidenschaft, die die Eisenbahnfreunde Wetterau in ihre Bahnen stecken. An zwei Wochenenden im Monat kann man in den historischen Wagen von Bad Nauheim nach Münzenberg auf Landpartie gehen.

#alleseinsteigenbitte #ZeitfürNostalgie #aufzurBurg #imkühlenFahrtwind

Historische Wiederbelebung:
Die Bahnschienen nach Münzenberg sind regulär seit den
1960er-Jahren außer Dienst.

Allmählich wird es voll auf dem alten Bahn-
steig im nördlichen Teil des Bad Nauheimer
Bahnhofs. Hier trifft man unter anderem
Senioren, in deren leuchtenden Augen sich
die Vorfreude auf das Wiedersehen mit alt-
bekannten Waggons spiegelt, oder Kinder,
die aus dem Staunen nicht mehr rauskom-
men – und sie haben erst die historische
Uniform des Fahrkartenverkäufers gesehen,
der hinter seinem kleinen Fensterchen sitzt,
als hätte sich seit Jahrzehnten nichts verändert. Sicher, dass wir nicht versehentlich in
der Zeit gereist sind? Dann das sehnsüchtig
erwartete Rattern der einfahrenden Bahn, die
heute das Fortbewegungsmittel sein wird,
gezogen – je nach Witterung – von einer
historischen Dampf- oder Diesellok. Gegen
den Krach soll stimmlich noch ein Schaffner
ankommen, denkt man gerade so bei sich,
als von irgendwoher ein ohrenbetäubendes
»Bahnhof Bad Nauheim – Endstation. Alles
aussteigen bitte!« in den Ohren erklingt. Der
Mensch wächst, wie es aussieht, an seinen
Aufgaben …

Sind die Fahrgäste der vorherigen Tour ausgestiegen, geht's die Treppen rauf in die historischen Abteile, in denen uralte Gepäckstücke warten, als kämen die Passagiere von damals gleich zurück. Und »damals« ist in diesem Fall mindestens gute 40 Jahre her, denn so lang sind viele der zwischen 1909 und 1942 erbauten Personenwagen im Besitz der Eisenbahnfreunde Wetterau, die den Betrieb so liebevoll organisieren, bereits ausgemustert.

Dass sie noch fahren, das sieht man mit eigenen Augen, nachdem sich das Vehikel nach einer kurzen Ticketkontrolle prustend und ratternd in Bewegung gesetzt hat. Auf den Außenbereichen vor und hinter jedem Waggon lässt es sich im Fahrtwind stehen und die vorbeiziehende Landschaft in aller Ruhe beobachten. Stress, möglichst pünktlich und

schnell zum Ziel zu kommen, hat hier und heute keiner. Gut eine Stunde braucht die Bahn für die elf Kilometer Streckenlänge, die durch Haltepunkte in Steinfurth, Rockenberg, Griedel und Gambach nach Münzenberg führen. Wer unterwegs aussteigt – für die Blütenpracht im Rosendorf Steinfurth oder einen Abstecher zu den Burgen Rockenberg oder

Hin & weg: Mit Bahn oder Auto zum Bahnhof Bad Nauheim bzw. dem alten Bahnhof Münzenberg. Den Rest übernehmen die Eisenbahnfreunde.

Beste Zeit: Im April ist Saisonstart.

Dauer & Strecke: 5,5–8,5 Std. für ca. 20 km inkl. Aufenthalt. Reine Fahrtzeit hin und zurück 2,5 Std.

Ausrüstung: Vorab reserviertes Zugticket (www.ef-wetterau.de).

![Landscape view of Münzenberg with its castle on the hill]

Vom Papier für die Fahrkarten bis zu den Uniformen sorgt jede Kleinigkeit für Nostalgie. Der Ausblick auf den Zielort Münzenberg und seine berühmte Burg begleitet einen fast die komplette Strecke.

Münzenberg – hat zwei bis drei Stunden Zeit, bis die Fahrt wieder in die ein oder andere Richtung weitergeht. Dreimal pro Betriebstag legt der Zug die Strecke zurück.

Wer sich so ganz entschleunigt im Sitz zurücklehnen und die Fahrt genießen möchte, legt am besten noch einen kurzen Zwischenstopp im Speisewagen ein, wo heiße Würstchen im Topf dampfen, Bier, Apfelwein und Softdrinks ausgeschenkt werden. Nur noch schnell den Proviant zum Platz zurückbalancieren, und das Abenteuer der kleinen Zeitreise kann nun wirklich ganz entspannt beginnen.

FAZIT: MANCHMAL SIND ALTE DAMPF- UND DIESELLOKS UNGEAHNTE ZEITMASCHINEN.

PLANSCHEN MIT LIBELLEN

 ... im Naturbadebiotop Ulrichstein

#28

Als erstes Naturbadebiotop Deutschlands und vermutlich auch höchstes Freibad Hessens kennt sich das Naturbadebiotop Ulrichstein aus mit Superlativen und Alleinstellungmerkmalen. Und ist dennoch ein echter Geheimtipp. Hier wird der Badetag selbst an heißen Sommertagen zur entspannten Auszeit.

Ein wenig fühlt es sich ja an, als wäre man in der höchsten Badewanne des Landes. Endlos weite Ausblicke, ein vergleichbar kleines Schwimmbecken, das Wasser dafür ebenso klar wie frisch aus der Ohmquelle wenige hundert Meter Luftlinie nördlich von hier. Und knackig kalt. Aber das nur in den ersten Momenten, bis sich die Haut an die Erfrischung von der Sommerhitze gewöhnt hat.

Am besten startet man den Badetag am Naturbadebiotop Ulrichstein direkt nach Kassen-

Als das Bad 1998 eröffnete, war es deutschlandweit das erste seiner Art.

öffnung um 10 Uhr. Kurzer Abstecher in die Umkleidekabine, ab in die Badeklamotten, unter die Dusche und auf die Jagd nach dem schönsten Sonnenplätzchen mit Aussicht. Den Ausflug in die höchstgelegene Stadt Hessens auf über 600 Metern Höhe will man schließlich in allen Aspekten genießen.

Und dann: Abtauchen! Rund ums Schwimmbecken führen Stege und Treppen ins kühle Nass, das selbst nach einer milden Sommernacht wirklich erfrischend ist. Die Wände des Beckens sind statt mit sterilen Fliesen wie ein vom Wasser geformtes Felsenbecken angelegt, unregelmäßig und ein wenig glitschig. Aber man ist ja auch zum Schwimmen da und nicht zum Rumhängen am Beckenrand.

Die Wasserfläche, die im Freibad zur Verfügung steht, ist zwar im Vergleich zu vielen größeren Stadtbädern eher überschaubar, aber dafür punktet man hier mit der Wasserqualität. Neben dem tatsächlichen Badebereich gibt's im Becken seichte Regenerationsbereiche, in denen Pflanzen für die Wasserreinigung sorgen. Eine Umwälzanlage kümmert sich um den Rest. Wasserreinigung mit Chemikalien – im Naturbadebiotop braucht es die nicht.

Und so ist es kein Wunder, dass neben den menschlichen Besuchern auch etliche Insekten eine Dauerkarte fürs Bad haben. Libellen, Bienen, Hummeln tummeln sich rund ums Becken, und wenn man sich an ihr wenig menschenscheues Geflatter erst einmal gewöhnt hat, kommt man aus dem Beobachten und Staunen auch schon gar nicht mehr raus.

FAZIT: DIE LEIDENSCHAFT FÜR DIE NATUR MACHT DAS BAD ZU EINEM DER SCHÖNSTEN IN GANZ HESSEN.

Hin & weg: Mit dem Auto direkt zum Naturbadebiotop.

Beste Zeit: Jeder schöne Sommertag zwischen 1. Juni und 31. August.

Dauer: 6 Std.

Ausrüstung: Picknick, Badesachen, Sonnencreme und ein gutes Buch fürs Sonnenbad.

GROßSTADT-THERAPIE

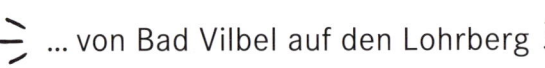 ... von Bad Vilbel auf den Lohrberg

Es soll Menschen geben, die stresst schon alleine der Gedanke an einen Ausflug in die Großstadt. Hupen und Sirenen auf hektischen Innenstadtstraßen, überfüllte Shoppingcenter und stickige S-Bahnen gehören zu den Gründen. Was, wenn es einen Weg gäbe, das Trauma zu überwinden?

#Großstadtidyll #entspannteBergtour #SkylineBlick #Ziegenyoga

Kontraste: Es gibt fast keine schönere Perspektive auf die Skyline als hinter den Reben und Blumenwiesen des Lohrbergs.

Rund 753 000 Einwohner und mehr als 376 000 Pendler machen die Bankenmetropole Frankfurt zumindest unter der Woche zur Millionenstadt. Und gefühlt tummeln sich am Wochenende ebenso viele Menschen in Shoppingtempeln, Museen und Parks. Verwunderlich ist es also nicht, dass so mancher Landbewohner das Treiben lieber meidet – gar schon eine kleine Phobie gegen Gewusel und Autolärm entwickelt hat. Höchste Zeit, die Klischees zu hinterfragen und die Stadt quasi durch ihre Hintertür zu betreten. Ausgangspunkt für den Ausflug in die Großstadt ist Bad Vilbel, die einwohnerreichste Stadt der Wetterau mit ihrer historischen Altstadt, wo sich Nidda-Plätschern, Fachwerkidyll, Fußgängerzonengewusel und Autoverkehr noch einigermaßen die Waage halten. Vom historischen Marktplatz geht's steil bergauf in Richtung Natur: Ein verschlungenes Dickicht rechts und links des Wegs, märchenhaft bunte versteckte Gärten und der Ausblick auf den Steinbruch, der direkt unterhalb des Pfads mitten im Stadtzentrum liegt, sind Schritt eins des Programms gegen die Großstadtphobie. Metropolregion? Hier?

Auf der anderen Seite des kleinen fast waldartigen Abschnitts wartet die Stille. Der Kies knistert unter den Sohlen, der Wind raschelt durch die Kronen der Obstbäume auf den Streuobstwiesen. Klatschmohn, Kamillenblüten und Kornblumen wiegen sich am Rand von schier endlosen Getreidefeldern. Fast könnte man ein bisschen neidisch werden auf die freche Ziege, die mit beiden Vorderbeinen an einem Baum lehnt und sich mit ganzer Kraft nach dem letzten saftigen Blatt in Reichweite ausstreckt, das sie beim heutigen Frühstück noch nicht erwischt hat. Man wächst an seinen Aufgaben, will sie sagen und zwinkert Passanten verschwörerisch zu.

Nach wenigen Kilometern zeigt die Beschilderung, dass man die Stadtgrenze Frankfurts erreicht hat. Die roten Äpfel des Streuobst-

wiesenwegs werden abgelöst durch das Grüngürteltier aus der Feder des Satirezeichners Robert Gernhardt. Der Bereich, den das putzige Tierchen ab hier markiert, macht insgesamt knapp ein Drittel der Stadtfläche aus. Auch wenn die Querung der zweispurigen Landstraße den Stresspegel kurz zum Ausschlag bringt, bevor es zur Berger Warte und damit

Hin & weg: Mit Auto und Öffentlichen in die Bad Vilbeler Altstadt. Zurück geht es entweder auf demselben Weg oder – für die ganz Mutigen – über einen Abstecher in die City mit der S-Bahn.

Beste Zeit: Wenn die Obstbäume erste Früchte tragen.

Dauer & Strecke: 6 Std. inklusive Erkundungstour durch den Lohrpark am Gipfel des Bergs, 21 km.

Ausrüstung: Fotohandy oder Kamera.

Wer hier oben mit offenen Augen durch die Natur geht, kann in der Nähe und Ferne viel entdecken.

dem höchsten Punkt Frankfurts (212,4 Meter) geht, wo sich die Skyline am Horizont schon erahnen lässt. Was bedeutet: Das Ziel der Wanderung ist schon zum Greifen nah. Auf dem Lohrberg, dem einzigen Weinbaugebiet der Stadt, gibt's erst mal eine Pause im Garten des MeinÄppelHaus (www.mainaeppel hauslohrberg.de) mit Ebbelwei, Handkäs und Würstchen. Von hier aus noch einige Schritte bergauf liegt sie dann plötzlich ganz ruhig dem Berg zu Füßen, die große Stadt Frankfurt, die ja eigentlich doch ganz schön ist und sich – vorsichtig ausgedrückt – fast doch ein bisschen anfühlt wie ein Zuhause.

FAZIT: DIE HEKTISCHE GROßSTADT KANN AUCH ANDERS.

AUF DEN SPUREN DER KELTEN

⟩ ... rund um Glauburg ⟨

#30

Die mittelalterlichen Spuren, die es in der gesamten Umgebung gibt, lassen die Glauburger nur müde schmunzeln. Auf ihrer Gemarkung finden sich nicht nur Bauten aus der Römerzeit, sondern auch noch Zeugnisse keltischer Besiedlung. Und um denen zu folgen, muss man nicht mal unbedingt ins Museum.

Neben Spuren aus der Keltenzeit stehen auf dem Bergplateau auch noch Grundmauern mittelalterlicher Gebäude.

die Rekonstruktion eines jahrtausendealten Grabhügels und echte Schmuckstücke und Kunstwerke aus der Zeit der Kelten. Wer sich den Besuch lieber für ein anderes Mal aufsparen will und stattdessen im herrlichen Sonnenschein draußen sowie auf eigene Faust auf Spurensuche geht, folgt dem Keltenpfad, der stellenweise recht steil hoch aufs Glauberg-Plateau führt. Dort erinnern noch einige steinerne Grundmauern an frühere Besiedlung, und der Ausblick über die Wetterau von der Aussichtsplattform aus ist phänomenal.

2400 Jahre, das muss man sich mal auf der Zunge zergehen lassen. So lange ist es her, dass in der Gegend Kelten lebten, Häuser und Siedlungen bauten, Landwirtschaft betrieben, für ihre Verstorbenen Hügelgräber anlegten. Knapp 2,5 Jahrtausende, in denen die Spuren der Kelten überlebt haben und inzwischen so gut erforscht sind, dass rund um den Glauberg Geschichte lebendig wird.

Die Tour startet am Glauburger Bahnhof Glauberg, der von verschiedenen Bus- und Bahnlinien aus der ganzen Region angefahren wird. Von hier aus steuert man direkt das Informationszentrum Keltenwelt (www.keltenwelt-glauberg.de) an, in dessen Dauerausstellung und Archäologischem Park eine Menge über das keltische Leben zu lernen ist. Zu den besonderen Fundstücken hier zählen etwa

Hat man oben eine Runde gedreht und die historischen Fundstücke und Infotafeln bewundert bzw. gelesen, geht's über Wald- und Feldwege und durch Obstwiesen wieder bergab in Richtung des Glauburger Stadtteils Stockheim. Wer die Tour abkürzen will, kann nun wieder in die Bahn einsteigen, wer Lust hat auf eine Pause, legt einen Stopp direkt am Bahnhof ein. Dort stehen in der Kulturhalle (www.kulturhalle-stockheim.de) mit Biergarten neben Gastronomie auch Konzerte regionaler Bands auf dem Programm.

Von hier aus führt der Natura Trail der Naturfreunde (www.naturfreunde.de/natura-trail-rund-um-den-glauberg) immer weiter Richtung Norden in die Nidderauen südlich des Ortenberger Stadtteils Effolderbach und über weite Feldwege und Magerrasenflächen zurück nach Glauberg.

Dass die Gegend seit knapp 7000 Jahren besiedelt ist, verdankt sie wohl auch den extrem fruchtbaren Böden, auf denen heute etliche Obstsorten wachsen.

FAZIT: MAN MUSS NUR AM RICHTIGEN ORT SEIN, DANN WERDEN SOGAR DIE BEWOHNER LÄNGST VERGANGENER TAGE FAST WIEDER LEBENDIG.

Hin & weg: Per Bahn oder Bus zum Bahnhof Glauburg-Glauberg.

Beste Zeit: Zwischen Juni und September, wenn die Bäume Früchte tragen und Sonnenblumen blühen.

Dauer & Strecke: 5 Std. (6,5 Std. inkl. Besuch der Keltenwelt), 13 km.

Ausrüstung: Bequeme Schuhe und Kamera.

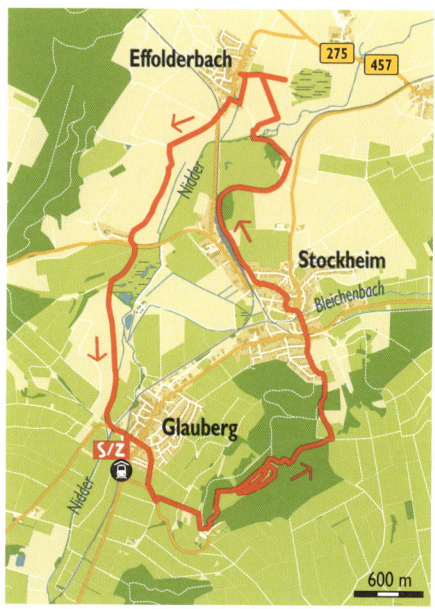

JAGD AUF VITAMINE

… in Friedberg

#31

Mit einer mächtigen Burg, dem Rosental-viadukt als Erinnerung an die Blütezeit der Industrialisierung, historischen Stadt-häusern und gigantischen Obstanbau-flächen vereint die Kreisstadt der Wetter-au viele Merkmale der Region auf kleinem Raum. Zeit für einen Tag in Friedberg.

Einhundertneunundsiebzig, einhundertachtzig, einhunderteinundachtzig … wer richtig gezählt hat und hier angekommen ist, hat's gleich ganz nach oben geschafft auf den 54 Meter hohen Adolfsturm, eine Hauptattraktion der Friedberger Burg und einer der schönsten Aussichtsplattformen der Region. Wetterau, Taunus, Vogelsberg – vor Ort gibt's den vollen Überblick. Kein Wunder, dass dort schon die Römer residierten.

Und auch im späten Mittelalter wird man gewusst haben, warum man Ende des 12. Jahrhunderts eine der größten Burgen des Landes ausgerechnet hier errichten ließ. Kaiser Barbarossa, so heißt es, soll den Auftrag für den Bau der Burg gegeben haben. 39 000 Quadratmeter groß ist das Gelände, auf dem man

sich auf Erkundungstour durch die Stadt ganz in Ruhe umschauen kann. Doch bevor die Burg angesteuert wird, geht's vom Friedberger Bahnhof, wo Regional- und S-Bahnen sowie Busse aus der ganzen Region halten, auf einen Abstecher in die tieferen Lagen Friedbergs: ins Rosental. Dort zieht sich das gleichnamige Viadukt durch die Landschaft und über die friedlich plätschernde Usa. Die

Hin & weg: Mit der Bahn zum Friedberger Bahnhof.

Beste Zeit: Im Frühling zur Kirschblüte oder im Sommer, wenn reifes Obst die Landschaft um Ockstadt prägt.

Dauer & Strecke: 5 Std., 17 km.

Ausrüstung: Platz im Rucksack für den Einkauf im Hofladen.

Auf gerade mal 140 Meter überm Meeresspiegel thront Burg Friedberg über der Wetterau.

ehemalige Eisenbahnbrücke stammt noch aus den 1850er-Jahren und ist aus der Nähe mindestens genauso gut zu betrachten wie von der stolzen Burg aus der Ferne. Der Weg Richtung Burg und historische Altstadt über den von Bäumen gesäumten Burgberg, durch dessen Geäst Eichhörnchen rascheln, ist schon eine nette Aufwärmübung für den Aufstieg zum Adolfsturm. Dieser kann zwischen April und Oktober an Wochenenden und Feiertagen nachmittags besichtigt werden.

Bereit zum Abstieg? Dann geht's jetzt ein Stück durch die Altstadt zum Rand Friedbergs und über Feldwege weiter in einen der schönsten Stadtteile. Statt stolzen Burgmauern bietet er eine weitaus farbenprächtigere Attraktion. Einen knappen Kilometer westlich der Stadt, am Fuße des Taunus, wird in Ockstadt nämlich so viel Obst angebaut wie fast nirgendwo sonst in der Region. Allein 40 000 Kirschbäume wachsen auf knapp einem Zehntel der gesamten Fläche des Stadtteils, dazu 10 000 weitere Obstbäume. Es wäre eine Schande, würde man nicht zumindest kurz in einen der vielen Hofläden vorbeischauen, etwa beim großen Laden des Obsthofs Gröninger, wo es für den Rückweg gleich noch ein Stück Kuchen auf die Hand

dazu gibt. Noch ein bisschen durch die Obstfelder spaziert, dann geht's zurück Richtung Friedberger Bahnhof.

FAZIT: FALLS SICH JEMAND FRAGT, WOHER DIE WETTERAU IHREN RUF ALS OBST-GARTEN HAT: EIN EINZIGER BESUCH IN OCKSTADT SOLLTE DIE ANTWORT LIEFERN.

LASS VERIRREN GEHEN

... über den Niddaradweg ins Maislabyrinth

#32 Im hohen Maisfeld wartet das Abenteuer. In Weißkirchen am Taunusrand kreiert das Team eines Landwirtschaftsbetriebs jährlich kunstvolle Muster im Feld, die von unten betrachtet nicht zu sehen und als Rätsel und Irrgarten ganz schön harte Nüsse sind. Hin geht's über den Niddaradweg.

#Naturparadiesstattfluglärm #immerderNiddanach #Orientierungstraining

Der Regionalpark Niddaroute macht den Fluss über 100 Kilometer praktisch durchweg erlebbar.

So ein Fluss ist ja generell ein dankbarer Wegweiser: Folgt man immer seinem Lauf, stellt das mit der Orientierung selbst für die ungeübtesten Kartenleser kein Problem dar – das gilt auch für die Nidda. Richtung Süden die Nidda entlang geht's zur Mainmündung im Frankfurter Westen, nach Norden in etwas längerer Zeit zur Niddaquelle im Hohen Vogelsberg. Ein wunderbarer Einstieg ist die Quellenstadt Bad Vilbel, in deren Süden der Niddaradweg Richtung Frankfurt startet.

Losgeradelt wird am Bad Vilbeler Bahnhof unweit der Nidda, vorbei am Wasserschloss und den Grünanlagen des Kurparks, immer weiter am rechten Niddaufer entlang. Was die Orientierung angeht, die einfachste Sache der Welt, das soll sich aber bald ändern.

Ziel des Tages ist nämlich das Maislabyrinth Maisgeister in Weißkirchen, für das man den Niddaradweg nach Durchqueren des Frankfurter Stadtteils Heddernheim nach Norden in Richtung Taunusrand verlässt. Durch Nordweststadt und Niederursel geht's ab ins Feld, das sich in seiner vollen Pracht erst auf Bildern in der Scheune zeigt. Um die Muster zu sehen, die die Betreiberfamilie Bickert Jahr für Jahr ins Maisfeld einarbeitet, müsste man nämlich kurz mal abheben können. Je nach

Themenjahr waren schon Umrisse von Ländern und Kontinenten, Wappentiere und Figuren der Popkultur wie Mickey Mouse, Asterix und Obelix oder die Biene Maja Teil des gigantischen Kunstwerks mitten im Mais. Hat man das Maislabyrinth, in dem die Sommerhitze noch ein wenig intensiver zu spüren ist, erst mal betreten, ist das Muster natürlich schnell vergessen. Jetzt dreht sich alles nur noch ums Rausfinden, und das ist gar nicht mal so einfach, wenn die bis zu drei Meter hohen Pflanzen so mühelos die Sicht Richtung Taunus

Von Comicfiguren bis hin zu Länderumrissen gibt es jährlich neue Muster im Maisfeld.

oder Skyline versperren. Wie war das nochmal mit dem Stand der Sonne? Mit der gefundenen Mitte hat man zumindest ein Etappenziel schon mal erreicht, erklimmt das metallene Treppengerüst, das Jahr für Jahr die Mitte des Labyrinths markiert, und genießt vor dem Rausweg zunächst den herrlichen Ausblick.

Wieder draußen angekommen, geht's für einen Snack zurück in die Scheune, oder man schwingt sich aufs Rad und macht Mittag in einer der wunderbarsten Apfelweinwirtschaften Frankfurts, dem Lahmen Esel (www.lahmer-esel.de) im nahen Stadtteil Niederursel. Direkt am Niddaradweg lässt sich außerdem noch ein weiterer Stopp einlegen, und zwar in einem der schönsten Naturschutzgebiete der Stadt. Der Alte Flugplatz Bonames diente bis in die frühen 90er dem US-Militär als Start- und Landeplatz. Heute leben auf dem mit einem Landschaftsarchitekturpreis ausgezeichneten Gelände mit seinen verlassenen Start- und Landebahnen unzählige Vögel, Frösche, Insekten und Pflanzen.

Hin & weg: Mit der Bahn oder per Rad zum Bahnhof Bad Vilbel.

Beste Zeit: An Wochenenden ab Ende Juli. Öffnungszeiten und Preise: www.maisgeister.de

Dauer & Strecke: 5 Std., 35 km.

Ausrüstung: Sonnenschutz und Wasserproviant.

> **FAZIT: MIT KÜHLEM FAHRTWIND VOR UND NACH DEM ABSTECHER INS LABYRINTH MACHT EINEM DIE HITZE IM MAISFELD GAR NICHTS MEHR AUS.**

FLAUSCHIGE AUSSICHTEN

… bei den Keltenberg-Lamas

#33 Wer Seite an Seite mit Andentieren einen Berg bezwingen will, muss nicht zum Machu Picchu. Zugegeben, die Wetterau ist nicht Peru, und die Landschaften sind auch nicht zu vergleichen, aber der Aufstieg lohnt sich. Und die Keltenberg-Lamas sind die charmanteste Begleitung, die man sich wünschen kann.

Das Klischee vom spuckenden Lama ist oft eine ganz schöne Übertreibung, wenn's doch mal passiert, geht man am besten schnell in Deckung!

Was das Wetter angeht, da sind die Keltenberg-Lamas (www.keltenberg-lamas.de), die man westlich des Büdinger Stadtteils Rohrbach findet, zum Glück nicht wählerisch. Draußen bei Sonne und Regen, das Leben in der frischen Luft und die Ausblicke aufs weite Feld genießen, selbst wenn es neblig und diesig ist. Dann wird's eben morgen wieder schön! Ein echtes Vorbild für den Menschen, der sich ohne festen Termin am Ende gar überlegt hätte, bei Aprilwetter vom Feinsten zu Hause zu bleiben und die Füße hochzulegen.

Gut zehn Tiere zählt die Herde, für die Sandra Schinzel und ihre Familie seit 2013 hier in Büdingen eine Heimat geschaffen haben. Ein großes Freigehege mit Unterständen, viel Natur, Zweigen und saftigen Blättern zum Knabbern und an Auslauf fehlt es den neugierigen

Tieren auch nicht, da sie auf regelmäßigen Wandertouren Gästen ihre neue Hood am Fuße des Keltenbergs zeigen. Wer braucht da schon die Anden?

Die Wanderung, bei der immer mindestens vier bis fünf Lamas dabei sind, startet mit dem Anlegen von Geschirr und Führleine. Kein Problem für die Tiere, die geduldig war-

Hin & weg: Am besten mit dem Auto. Die Anfahrtsbeschreibung gibt's bei der Buchung.

Beste Zeit: Ganzjährig ein echtes Erlebnis, da man bei der Vorabbuchung das Wetter schlecht planen kann, auch bei Wind und Wetter.

Dauer: 5 Std. Kürzere Touren ab 2 Std.

Ausrüstung: Vorab vereinbarter Termin und wetterfeste Kleidung.

ten, bis sie an der Reihe sind. »Ich will auch mit!«, steht fast in den treuen Lama-Augen derer geschrieben, die heute ihren freien Tag haben – Schlechtwetterphase hin oder her.

Und dann setzt sich die Karawane in Bewegung: Chef Aguiro, der vierbeinige Anführer der Gruppe, der immer dabei ist, gern auch vorneweg. Lamas sind neugierige Tiere, emotional hochintelligent, erzählt Sandra Schinzel unterwegs durchs Feld in Richtung Waldrand, deshalb kommt es nicht selten vor, dass sich das Lama unterwegs seine menschliche

Begleitung aussucht, nicht umgekehrt. Am Ende der fünfstündigen Wanderung wurden so schon häufig echte Freundschaften fürs Leben geschlossen.

> **FAZIT: DIE FASZINIERENDEN ANDENTIERE MACHEN SICH WIRKLICH FANTASTISCH ALS WANDERFÜHRER.**

143

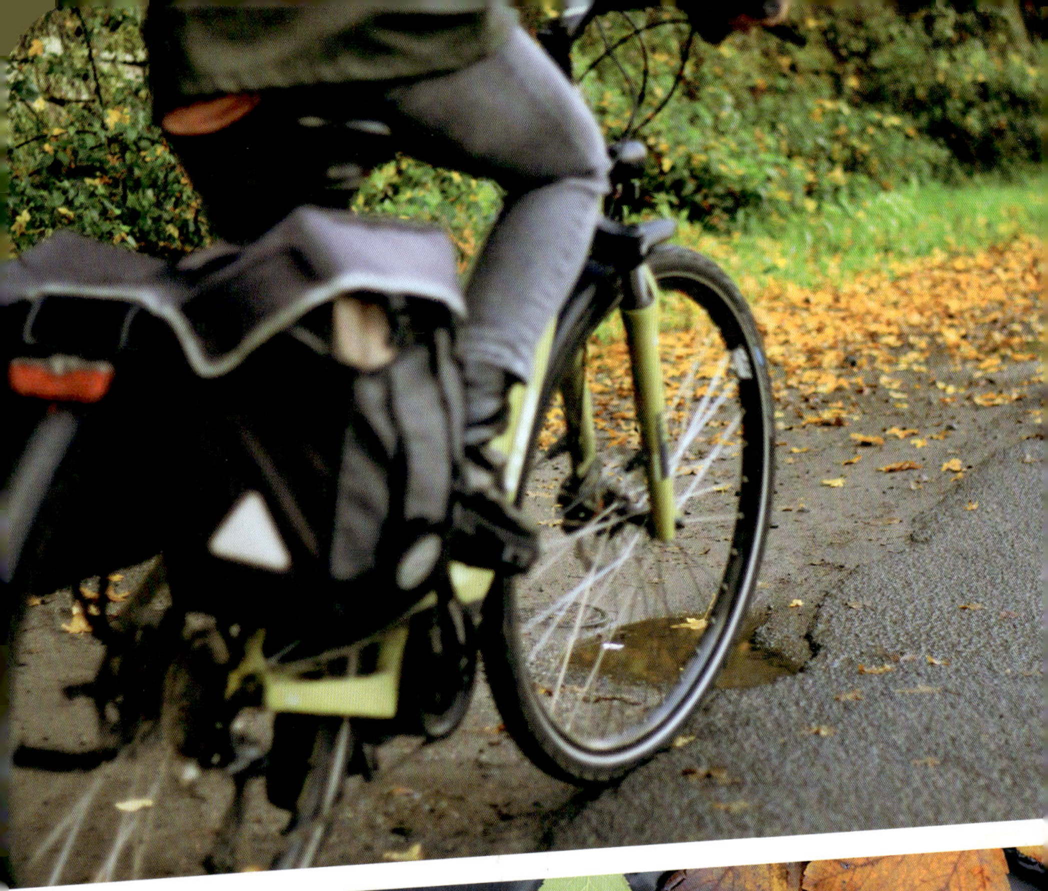

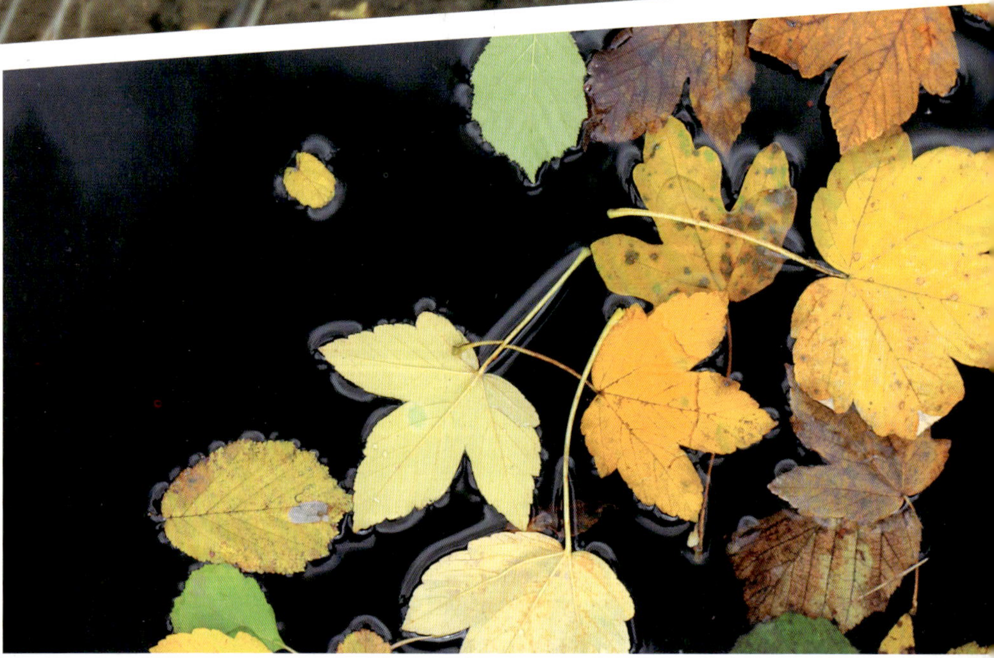

ASPHALT STATT SCHIENEN

 ... zwischen Nidderau und Hartmannshain

#34

Hand aufs Herz: Wer sagt von sich, dass er seine Heimat schon ausreichend erkundet hat und alles kennt, was es zu kennen gibt? Ein herrlicher Weg, Wissenslücken zu schließen und dabei an einem Tag richtig viel Hessen zu sehen, ist der Radweg über alte Bahntrassen durch Wetterau und Vogelsberg.

Zeit, den Drahtesel abzustellen: Die historische Altstadt von Ortenberg liegt auf einer Anhöhe oberhalb der Nidder.

die Vulkan-Express-Buslinien VB-90 und -94 zu nutzen, die mit einem Fahrradanhänger unterwegs sind. Oder man liebt Herausforderungen, dann ist die etwas über 100 Kilometer lange Strecke hin und zurück auch als Tagesausflug zu meistern. So weiß man am Ende des Tages immerhin, was man geschafft hat.

Selbst ist der Mensch! Wenn die ehemaligen Bahntrassen, die früher aus der Wetterau in den Vogelsberg führten, einen heute nicht mehr weiterbringen, dann muss man für tolle Panoramen eben selbst in die Pedale treten. Beginnend am Bahnhof in Nidderau-Windecken, geht's auf dem Bahnradweg, der über weite Strecken auch der Route des beliebten Vulkanradwegs im Vogelsberg folgt, über Altenstadt, Ortenberg und Gedern bis nach Hartmannshain.

Knapp 500 Meter Höhenunterschiede sind unterwegs auf den gut ausgebauten Radwegen zu überwinden, das schreit schon fast nach E-Bike. Wer sich mit dem klassischen Rad einen Teil der Strecke sparen will, hat an den Wochenenden zwischen Mai und Oktober unterwegs mehrfach die Möglichkeit,

Zu den besten Orten für eine Pause gehören die auf einem Hügel im Niddertal gelegene Stadt Ortenberg mit historischen Türmen und Fachwerkhäusern, unter der man ohne Zwischenstopp nur vorbeifährt, oder der hübsche Schlosspark in Gedern, den man ohnehin durchquert. Ab etwa der Hälfte der Strecke

Hin & weg: Bahn zum Bahnhof Nidderau-Windecken. Stopps des Vulkan-Express (www.rmv.de > Vogelsberger Vulkan-Express > Allgemeines) liegen unterwegs etwa in Hartmannshain, Gedern, Ortenberg und Selters.

Beste Zeit: Wenn sich ab September die Blätter bunt färben.

Dauer & Strecke: 8 Std., 110 km bzw. weniger, wenn man Teile der Strecke mit den Vulkan-Express-Bussen zurücklegt.

Ausrüstung: Fahrrad, gerne auch E-Bike.

Die einfache Strecke von Hartmannshain nach Nidderau eignet sich auch perfekt für eine Tour auf Inlineskates.

von Ortenberg aus geht's stetig bergauf – nach der eher flachen Wetterau wirken die Basalthügel des Vogelsbergs nahezu majestätisch ... Noch einmal Gas gegeben bis zum höchsten Punkt auf 572 Metern, dann ist das Gröbste geschafft. Die Stärkung in der Hartmannshainer Gaststätte Tor zum Vogelsberg (www.gasthof-vogelsberg.de) hat man sich jetzt auch redlich verdient.

Wer von hier aus dem Bahnradweg weiter folgen würde, käme weiter über Grebenhain und Herbstein bis nach Lauterbach im nördlichen Vogelsberg und von hier aus sogar weiter nach Bad Hersfeld, aber das kann man sich ja auch für eine andere Tour aufsparen. Erst mal geht's wieder ganz entspannt auf den Rückweg Richtung Wetterau. Und jetzt: Rollen lassen!

FAZIT: EINE BAHNFAHRT WÄRE DOCH AUCH WIRKLICH ZU EINFACH GEWESEN ...

BAD IN HERBST-FARBEN

 ... im Naturpark Vulkanregion Vogelsberg

#35

Eine Kombination aus dem kurzen Höhenrundweg und der längeren Gipfeltour macht aus dem Wanderausflug quasi ein Best of Naturpark. Über Waldwege geht's von den höchsten zwei Vogelsberggipfeln vorbei an der Niddaquelle, Moorgebieten und Basaltformationen.

#Farbensammeln #perfekterHerbsttag #Gipfelhüpfen #Vulkangestein

Wenn es einen perfekten Zeitpunkt gibt für die große Runde durch den Naturpark Hoher Vogelsberg, dann sind das diese wenigen magischen Wochen im Jahr: Der Sommer hat sich verabschiedet, schickt aber immer noch wärmende Sonnenstrahlen vorbei, die frech durch die lichter werdenden Wipfel fallen. Überall im Wald bereitet sich die Natur auf den Winter vor – da ist jetzt der beste Moment, den Herbst noch mal so richtig zu genießen. Los geht's im Schatten des Funkturms mitten auf dem Hoherodskopf, wo der kurze Höhenrundweg Richtung Taufstein startet, mit 773 Metern der höchste Gipfel des Vogelsbergs. Keine halbe Stunde Fußweg ist das erste Highlight der Tour ent-

fernt. Dort kann man mit Glück und passender Witterung einen Abstecher zum 22 Meter hohen Bismarckturm machen. Die nächste Erhebung der Runde ist ein echtes Kuriosum. Den Geiselstein (circa 720 Meter hoch gelegen) wenige Kilometer nördlich des Taufsteingipfels nennt man im Volksmund auch Nordpol des Vogelsbergs, weil sein Gestein so magnetisch ist, dass es jeden Kompass vom Nordpol ablenkt und stattdessen alle Aufmerksamkeit auf sich zieht. Wer sich davon selbst überzeugen will, verlässt die Route für wenige Minuten und folgt einem kurzen, gut ausgeschilderten Stichweg direkt zum Geiselstein-Gipfel.

Vorbei an der Niddaquelle und den Moorgebieten der Breungeshainer Heide geht's nun wieder Richtung Süden, wo der Höhenweg einen anderen beliebten Rundweg des Vogelsbergs trifft. Die Gipfeltour führt jetzt nördlich von Breungeshain zum Gackerstein (663 Meter) und weiter durch den Schottener Stadtteil Busenborn, wo das Gasthaus zum Bilstein (www.gasthaus-zum-bilstein.de) ein schöner

Hin & weg: Mit dem Auto oder Vulkan-Express (bis Ende Oktober; www.rmv.de > Vogelsberger Vulkan-Express > Allgemeines) zum Erlebnisberg Hoherodskopf.

Beste Zeit: Oktober und November – bevor der Winter übernimmt.

Dauer & Strecke: 6 Std., 17,5 km.

Ausrüstung: Matschfeste Schuhe, Kamera für die perfekten Herbstimpressionen und für ganz Neugierige ein alter Kompass.

Weite Teile der Tour führen durch den Oberwald im Herzen des Vogelsbergs.

Ort ist für eine Stärkung und ein kurzes Aufwärmen in der guten Stube.

Anschließend geht's am Bilstein mit seinem beeindruckenden Basaltgipfel vorbei zurück zur Nummer zwei des Vogelsbergs. Auf dem Hoherodskopf, dem Erlebnisberg des Mittelgebirges, wo noch vor wenigen Wochen eine Sommerrodelbahn durch die Landschaft rauschte, ticken die Uhren zu dieser Jahreszeit schon etwas langsamer. An seiner Südwestseite lässt sich herrlich die Aussicht in

Richtung des frühen Sonnenuntergangs genießen. Noch ein Vorteil daran, dass die Tage inzwischen immer kürzer werden.

FAZIT: SO BUNT UND HERBSTLICH WIRKEN DIE HÖHENLAGEN DES VOGELSBERGS RICHTIG ENTSCHLEUNIGEND.

BUNTES MITTEL-ALTER

⌐ ... in der Büdinger Altstadt ⌐

#36

Unter den historisch bedeutenden Städten Deutschlands ist Büdingen ein echter Geheimtipp. Die Fachwerkhäuser und historischen Gemäuer sind kaum irgendwo so gut erhalten wie hier, und im Garten Kölsch hinter der Stadtmauer wartet das herrlichste Blütenmeer.

#StadtvollerGeschichten #Blütenpracht #Hexenwillkommen

So aufgeräumt, frisch renoviert und fein rausgemacht, wie Büdingen sich präsentiert, möchte man gar nicht glauben, dass die Stadt ganz schön düstere Zeiten hinter sich hat: Hunderte Menschen wurden hier im 16. und 17. Jahrhundert der Hexerei angeklagt und hingerichtet, ein großer Teil der Stadtbevölkerung fiel in Zeiten von Not und Aberglaube den Hexenprozessen zum Opfer. Wer mehr über dieses Kapitel in Büdingen erfahren will, kann heute sogar an kostümierten Themenführungen teilnehmen, durch eine Stadt, deren Stra-

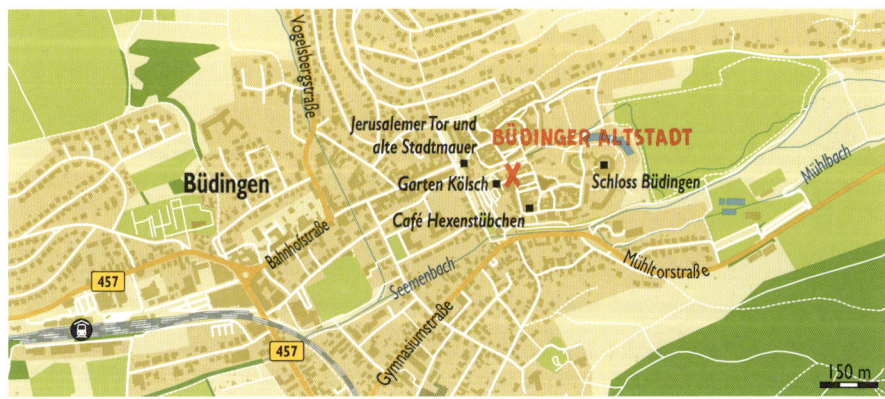

Das älteste Wohnhaus Büdingens, das noch heute in der Altstadt steht, wurde 1500 gebaut.

ßenzüge, Gebäude und Wahrzeichen sich seit dem Mittelalter – zumindest gefühlt – kaum verändert haben.

Wenn man über die gepflasterten Straßen durch Fachwerkhäuserzeilen und vorbei an Steinbauten spaziert, ist es überhaupt ein Wunder, dass Büdingen als Mittelalterstadt nicht überregional bekannt und Renner bei Touristen ist. Die Altstadt umgibt eine gut erhaltene Stadtmauer, deren Wahrzeichen das 1503 erbaute Jerusalemer Tor ist. In der Altstadt selbst lohnt sich nach der ausgiebigen Erkundung von Stadtbefestigung und Schloss eine Pause in einem der vielen hübschen Cafés, etwa dem gemütlich mit Antikmöbeln eingerichteten Café Hexenstübchen, das neben Kaffee und Kuchen auch eine kleine Karte mit warmen Gerichten hat ([www.cafe hexenstuebchen.de](www.cafehexenstuebchen.de)). Hier lässt sich herrlich die Zeit vergessen.

Und dann ist da noch der Garten Kölsch (www.gartenkoelsch.de). Zwischen den Stadtmauern erwacht Frühling für Frühling ein grün-buntes Paradies zum Leben, ein echtes Highlight für zweibeinige und geflügelte Naturliebhaber. Dort kann man Bienen und Schmetterlinge mitten in der Blütenpracht aus nächster Nähe beobachten, es summt, brummt und blüht in jedem Winkel. Und dann ist man aus der Zeitreise ins Mittelalter plötzlich wieder mittendrin im Hier und Jetzt.

FAZIT: WARUM INTERNATIONALE TOURISTEN IMMER NUR NACH HEIDELBERG, ROTHENBURG UND REGENSBURG STRÖMEN, VERSTEHE, WER WILL …

Hin & weg: Mit der Bahn nach Büdingen.

Beste Zeit: Wenn im Juli und August die Farbenpracht im Garten Kölsch am schönsten ist.

Dauer: 6 Std.

Ausrüstung: Spaß an Entdeckungen reicht völlig. Tipps dafür finden sich unter www.buedingen.info > Entdecken & Erleben > Historisches-Büdingen

ÜBER MÄRCHENPFADE

... auf dem Brüder-Grimm-Weg zur Burg Herzberg

Vom Hanauer Mainufer bis kurz vor die niedersächsische Grenze führt der Brüder-Grimm-Weg einmal längs durch Hessen, durch Wälder und vorbei an Märchenschlössern. In den märchenhaften Herbstwäldern zwischen Alsfeld und Herzberg erlebt man einen der schönsten Streckenabschnitte.

#imMärchenwald #kleinsterSuperlativderWelt #untermViadukt #raufzurBurg

Die größte Höhenburg Hessens liegt auf knapp 500 Metern.

Wer sagt denn, dass Beeindruckendes immer besonders groß sein muss? Man weiß doch schon aus allerlei Märchen und Legenden, dass gerade die Kleinen überraschen und oft als Gewinner dastehen. David gegen Goliath, die Maus und der Elefant, ein findiges Geschwisterpärchen gegen die fiese alte Hexe ... Ähnlich halten es auch die Blue Stone Falls, die ihren klingenden Namen so stolz tragen, als rauschten sie irgendwo im Nationalpark Yosemite, statt abseits des Alsfelder Stadtteils Eifa gemütlich vor sich hin zu plätschern – als offiziell kleinster Wasserfall der Welt. Um sie zu finden, da muss man's machen wie Hänsel und Gretel und erst mal ein Stückchen vom Weg abkommen.

Das eigentliche Ziel der Tour, die mittelalterliche Burg Herzberg (www.burg-herzberg.de), liegt nämlich in entgegengesetzter Richtung auf dem Brüder-Grimm-Weg. Start des Abstechers ist der Parkplatz im Westen von Eifa,

von wo aus ein Waldweg nördlich des gleich-
namigen Flusses zu dem winzigen Wasserfall
führt. Quasi als Kontrastprogramm geht's auf
dem Hin- und Rückweg durch die mächtigen
Torbogen eines alten Viadukts, das im gelben
Herbstlaub besonders malerisch ist. Zurück
in Eifa folgt man nun dem Brüder-Grimm-Weg,
der sich von Hanau – der Geburtsstadt der
Märchenerzähler – im Süden bis nördlich von
Kassel durch Hessen zieht. Er kreuzt neben

Der Mini-Wasserfall ist ein geologisches Überbleibsel der Vulkanaktivität im Vogelsberg.

den Ortschaften Lingelbach und Bieben vor allem schöne Naturräume, in denen sich der Herbst so richtig genießen lässt. Ob die Burg tatsächlich auch Schauort einer Geschichte oder Legende ist, das kann man heute in Frage stellen, aber umschauen sollte man sich oben in jedem Fall, wenn der mäßig steile Aufstieg erst mal geschafft ist. Nach der Burgbesichtigung wartet in der Burgschänke (www.herzbergschaenke.de) eine leckere Stärkung, bevor es auf demselben Weg wieder zurückgeht.

Wer sich den zweiten Abstecher an den Wasserfällen sparen will, müsste die Strecke in sieben Stunden locker schaffen – das heißt, wenn man nicht dem starken Drang nachgibt, jedes bildschöne Herbstmotiv für die Ewigkeit festzuhalten.

FAZIT: WER IN OBER- UND NORDHESSEN MIT OFFENEN AUGEN IN DER NATUR UNTERWEGS IST, DER WUNDERT SICH NICHT, WO WILHELM UND JACOB IHRE IDEEN HERHATTEN.

Hin & weg: Mit dem Auto nach Eifa.

Beste Zeit: Im goldenen Herbst zwischen September und Anfang November.

Dauer & Strecke: 7 Std., 25 km.

Ausrüstung: Ein kompaktes Taschenbuch mit Grimms Märchen kann für kleine Pausen gar nicht schaden.

NEUE WILDNIS

⌇ ... auf dem Taunuskamm bei Ober-Mörlen ⌇

#38 *Am westlichen Rand der Wetterau erhebt sich mit dem Taunus eines der größten Waldgebiete Hessens. Dass hier über die letzten Jahrzehnte Mensch und Klimawandel Spuren hinterlassen haben, sieht man auf den ersten Blick, aber eben auch, dass sich die Natur ihre Lebensräume auf besondere Weise zurückholt.*

Die Landschaft bewohnen heute geschützte Molche und Schmetterlinge.

Wie Elvis Presley die Gegend wohl damals wahrgenommen haben mag? 1959 war er laut Inschrift hier im Wald, vermutlich mehr dienstlich als zum Privatvergnügen, denn das Gebiet zählte viele Jahre zu einem der bekanntesten Truppenübungsplätze der im Rhein-Main-Gebiet stationierten US-Armee. Wo heute hohes Gras über dieses Kapitel Geschichte wächst, waren einst Panzer unterwegs. Konnte man bei dem Krach überhaupt die Aussicht genießen? Und so darf man mit gutem Gewissen sagen, dass die Gegend menschgemacht ist, ganz ohne erhobenen Zeigefinger, denn die Nutzung als Wirtschaftswald und für militärische Zwecke hatte nicht nur negative Effekte.

Wo die Landschaft wie einst auf dem Eichkopf zerstört worden ist, erobert sich heute eine neue Wildnis ihren Lebensraum zurück. Die Spuren der Panzer von damals haben Tümpelgebiete hinterlassen, in denen nun Molche und Unken glücklich und zufrieden leben. Um ihnen zu folgen, da lohnt es sich, die klassischen Wanderwege, die am Parkplatz Winterstein starten, hinter sich zu lassen: Nach einiger Zeit trifft man so kaum noch andere Menschen. Und keine Familien, die ausgerüstet mit dem Smartphone den Wildkatzen-Er-

Hin & weg: Mit dem Auto zum Startpunkt am Wanderparkplatz Winterstein.

Beste Zeit: Wenn von September bis November der Indian Summer zuschlägt.

Dauer & Strecke: 5 Std., 17 km.

Ausrüstung: Offline verfügbare Wegbeschreibung. Kamera oder Smartphone fürs Erinnerungsselfie an Elvis' Gedenkstein.

Von den Kelten bis zur US-Army erzählt am Taunusrand jeder Winkel kleine Anekdoten.

lebnispfad ablaufen, dessen Audio-Guide zwar spannende Informationen liefert, aber auch die Ruhe der Wildnis an gut besuchten Tagen ein klein wenig zu sehr durchbricht.

Der Natura Trail, den die Naturfreunde hier angelegt haben, verläuft zum Teil parallel zum Wildkatzenpfad, stellenweise über den Limes-radweg und den Limes-Erlebnispfad sowie über den mit einer Kröte markierten Amphi-bienlehrpfad. Was fehlt, ist eine durchgehen-de oder zumindest sichtbare Beschilderung, sodass die Wanderung ein bisschen Vorberei-tung erfordert – oder zumindest eine mitge-führte Wegbeschreibung, die einen selbst bei Löchern in der Funkabdeckung problemlos ans Ziel bringt.

Kurz vorm Ende des Rundwegs geht's zur Stärkung ins nahe gelegene Forsthaus Winter-stein (www.forsthaus-winterstein.de). Ob der Biergarten den King of Rock 'n' Roll damals wohl ebenso magisch angelockt hat wie heute die Wanderer?

Neben den Tümpeln am Eichkopf führt der Weg auch vorbei an Auwäldern und Mähwie-sen, Relikten aus der Römerzeit und Wald-abschnitten, in denen sich die Verwüstung durch den Borkenkäfer über die letzten Jahre aus nächster Nähe sehen lässt. Der Taunus hat dieselben Probleme wie fast jedes Wald-gebiet hierzulande. Dass die Natur aber auch Wege findet, sich die Hoheit über den Wald zurückzuerkämpfen, das zeigt sich nicht über-all so herrlich wie hier.

FAZIT: FASZINIEREND, DER NATUR BEI DER REGENERATION ZUZUSCHAUEN.

Rastplatz
Schau ins Land
Erschaffen 2019

SPUREN DER INDUSTRIE

≥ ... auf dem Gederner Eisenpfad ≤

#39

Auf dem Eisenpfad rund um die Vogelsbergstadt Gedern kommen Vergangenheit und Gegenwart der Region auf besondere Weise zusammen. Hier treffen Industriekultur auf Landwirtschaft und Naturbiotope auf mittelalterliche Bauwerke.

Wo im Frühjahr Kirschblüten bunte Flecken in der Landschaft schaffen, ist gegen Jahresende zwischen Herbstfarben noch viel Grün zu sehen.

Der vor knapp zehn Jahren geschaffene Eisenpfad zeigt das historische Erbe der Region rund um Gedern, die lange schwerindustriell vom Eisenerz- und Sandsteinabbau geprägt war. Wer richtig tief ins Thema eintauchen will, startet direkt am Einstieg zur Tour mit einem Besuch des Infozentrums Alte Schmiede auf dem Gederner Schlossgelände, wo Gruppen bis vier Personen vorab auch eine kurze Fahrt mit der handbetriebenen Schloss-Draisine buchen können.

Der Rundweg führt von hier aus in Südrichtung aus der Stadt heraus und vorbei an einem alten Steinbruch zum Rastplatz Schauins-Land. Da kann die dicke Wolkendecke sich noch so anstrengen, die letzten Wildblumen trotzen dem heraufziehenden Winter und machen den Rastplatz Schau-ins-Land, den ehrenamtliche Wanderfreunde erst vor wenigen Jahren gestaltet haben, bunt und freundlich. Und auch wenn's diesig ist, die eisernen Aufsteller, die Sichtfensterchen in Richtung Landschaft bilden, zeigen exakt, was draufsteht. Taunus, Spessart und Frankfurter Skyline – ewig weit weg, aber doch irgendwie ganz in der Nähe.

Hin & weg: Mit dem Auto zum Parkplatz am Gederner Schloss.

Beste Zeit: Wenn ab Ende Oktober noch ein bisschen Herbst in der Luft liegt.

Dauer & Strecke: 6,5 Std., 23,5 km.

Ausrüstung: Proviant für unterwegs, wetterfeste Kleidung, matschfeste Schuhe.

Eisenproduktion sorgte in der Umgebung von Gedern für viele wirtschaftliche Erfolge.

Direkt daneben steht ebenfalls kunstvoll aus Eisen gefertigt eine Liebeserklärung. »Unser Vogelsberg« liest man vor dem herrlichen Panorama am Zugang zum kleinen Rastplatz. Jetzt ist Zeit für eine mitgebrachte Stärkung. Das Unwetter zieht immerhin vorbei und sorgt so nur rein äußerlich für Drama, und die Wandertour kann auch bei eher tristem Spätherbstwetter weitergehen. Nach der verdienten Pause mit Panoramablick folgt man dem Weg weiter westwärts vorbei an Merkenfritz und Richtung Gederner Stadtteil Steinberg.

Dass heute statt Industrie vor allem Landwirtschaft und Tourismus den Ton angeben, demonstrieren unzählige Felder, Kuhweiden und Obstplantagen am Eisenpfad, auch wenn sich langsam, aber sicher alles auf Winter einstellt. Statt trostloser Spätherbstatmosphäre sorgt aktuell das Wintergemüse für viel Grün. Noch lassen es sich die Kühe auf der Weide schmecken und beobachten die seltener werdenden Wanderer mit umso größeren interessierten Augen. Durch den alten Ortskern von Steinberg hindurch geht's nun durch die Talauen der Nidder, immer am Fluss lang wieder zurück zum Ausgangspunkt nach Gedern. Mit den Geschichten auf den Infotafeln am Weg war der Ausflug nicht nur aussichts-, sondern auch ganz schön lehrreich.

> **FAZIT: EIN WEG, DER DURCH SEINE INDUSTRIELLE GESCHICHTE GERADE AUCH BEI EHER SEMI-SCHÖNEM WETTER BEEINDRUCKENDE EINBLICKE BIETET.**

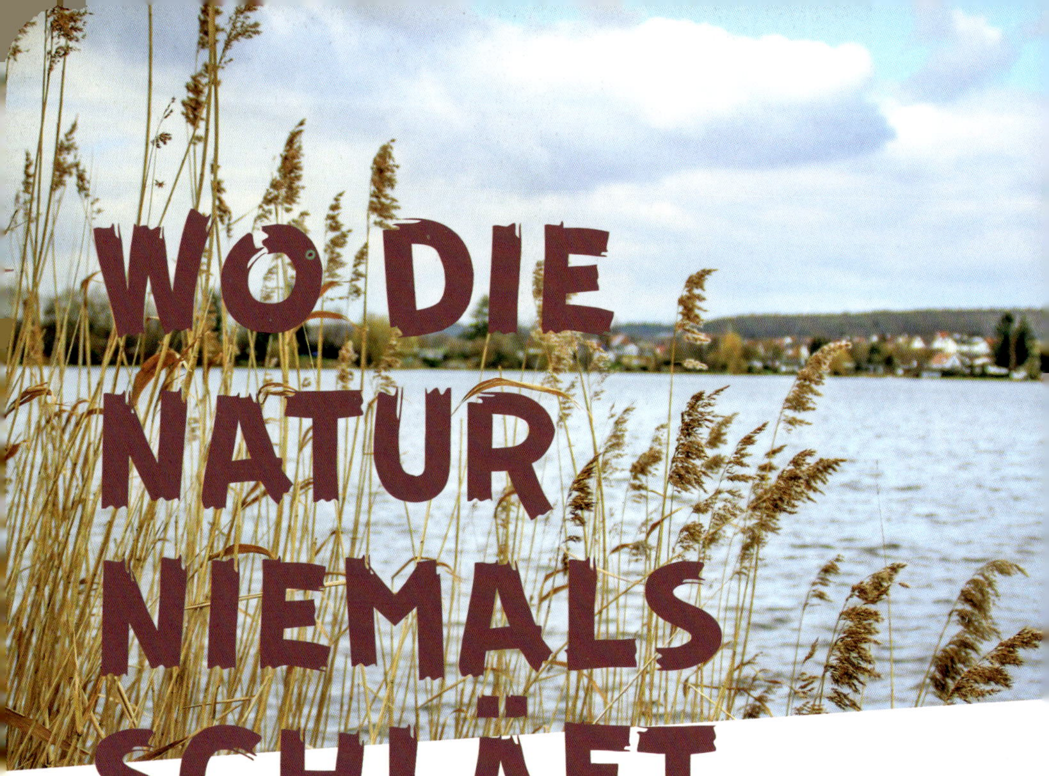

WO DIE NATUR NIEMALS SCHLÄFT

... entlang der Wetterauer Seenplatte

#40

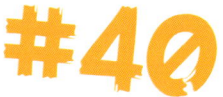

Kahle Bäume, vermeintlich ruhige Seen und eisige Kälte: Auch wenn es vielleicht so aussieht, die Natur hat selbst im Winter niemals Pause. Schon gar nicht in den feuchten Naturschutzgebieten der Wetterau, die die Braunkohleproduktion vergangener Jahrzehnte abgelöst haben.

#Pfützenhüpfen #hierwohntderStorch #endlichStille #Seenliebe

Hier gelten meist strenge Natur-
schutzregeln – den Ausflug macht
diese Tatsache oft noch spannender.

Als die Bahn sich ratternd um die nächste Ecke geschoben hat, macht Stille sich breit. Dann hängt das Zwitschern der Vögel in der Luft, und das Rascheln des hohen Grases verrät, dass das Wasser kaum weit sein kann. Denn nicht nur die Seen, nach denen das Gebiet der Wetterau im Volksmund bekannt ist, prägen die Gegend im südlichen Teil der Stadt Hungen: Auch etliche kleine Bäche, die durch die Natur plätschern, haben über die Jahre dafür gesorgt, dass das Naturschutzgebiet Leben und natürliche Vielfalt nahezu magisch anzieht.

Alles hat mit der Industrie angefangen, dafür ist das erste Ziel des Spaziergangs der beste Beweis: Wo heute der Trais-Horloffer See liegt, wurde bis in die frühen 1990er-Jahre

noch Braunkohle abgebaut, genauso wie in fast jedem der insgesamt 16 großen und kleinen Seen, die der Gegend ihren heutigen Kosenamen geben.

Menschgemacht sind sie alle: Den Beginn der Tradition machte 1804 der Braunkohleabbau in der Region rund um Wölfersheim, wo mit dem Wölfersheimer See der größte der Seenplatte wartet, im Tiefbau. Zunächst wurde die Kohle hier zum Heizen, knapp hundert Jahre später dann auch zur Energiegewinnung genutzt. Sie versorgte vor allem die direkte Umgebung. Denn auf solche Mengen wie im industriell geprägten Ruhrgebiet kam man in der beschaulichen Wetterau natürlich nicht. An diese Zeit erinnert bei einem Abstecher in den Ortskern von Wölfersheim das an jedem

ersten und dritten Sonntag im Monat geöffnete Energie Museum. Ganz vergessen ist die Geschichte der Region heute damit zwar nicht, ganz weit weg fühlt sie sich aber schon an, wenn man den Bächen von See zu See folgt, an den Bäumen unterwegs ganz fasziniert die Spuren der Biber entdeckt und in der

---

Hin & weg: Mit der Bahn bis zur Haltestelle Hungen Trais-Horloff, wem die Hälfte der Tour reicht, der kommt auch ab Wölfersheim wieder mit der Bahn nach Hause.

Beste Zeit: In den dunkleren Monaten zwischen November und Februar.

Dauer & Strecke: 6 Std., 21 km.

Ausrüstung: Teleobjektiv für die Kamera oder zumindest ein Fernglas, Gummistiefel und Regenjacke für Wind und Wetter.

Wer im Schlamm entlang der Seenplatte auf Spurensuche geht, macht selbst im Winter spannende Entdeckungen.

Ferne mit dem Storch den ersten Frühlingsboten wahrnimmt.

Dass die Natur hier aus gutem Grund geschützt wird und die Verantwortlichen damit Erfolg haben, dafür sind diese Tiere der beste Beweis.

Dass dann unterwegs zwischen Feldern und Seen der ein oder andere kleine Regenschauer einsetzt, macht dem, der eine gute Ausrüstung dabeihat, am Ende gar nichts – zumindest wenn Regenjacke und Gummistiefel

halten, was sie versprechen. Lust auf einen Test? Dann Anlauf nehmen und rein in die nächste Pfütze!

FAZIT: ZWISCHEN WIESEN, NATURGERÄU-
SCHEN UND KINDHEITSERINNERUNGEN IST
DER WINTERBLUES SCHNELL VERGESSEN.

WALLFAHRT GANZ LOKAL

>‑ ... von Lauterbach nach Bad Salzschlirf ‑<

#41

Huch, wie ist denn Lourdes hierhergekommen? Die Mariengrotte in Bad Salzschlirf vermittelt einem zumindest ganz stark den Eindruck, man wäre mal eben in den Süden Frankreichs gereist. Die Landschaft – eher weniger. Dafür haben nördlicher Vogelsberg und der Ausblick auf die Rhön ihre ganz eigenen Reize.

Die größten Geschichten beginnen oft ganz banal. Etwa mit einem 14-jährigen Mädchen, das im 19. Jahrhundert in einer unscheinbaren Kleinstadt im Süden Frankreichs plötzlich wieder und wieder die Mutter Gottes zu sehen glaubt und Lourdes damit zur europäischen Pilgerhochburg macht. Keine 200 Jahre später strömen jedes Jahr vier bis sechs Millionen

Touristen – Pilger wie Nichtgläubige – dorthin. Am Abbild der schmucken Mariengrotte im Kurörtchen Bad Salzschlirf zwischen Vogelsberg und Rhön geht's da dann doch etwas ruhiger zu. Dabei muss sich die Mariengrotte, die die Ortsbewohner zu Beginn des letzten Jahrhunderts in einen alten Steinbruch gehauen haben, gar nicht hinter dem französischen Vorbild verstecken. Scharfkantige Steinmuster betonen das Raue der Natur und die Blumenbeete, auf denen im Frühjahr und Sommer bunte Blütenpracht herrscht, ihre Schönheit. Selbst, wenn sich langsam Schnee und Frost breitmachen. Wer sich vor der Grotte stehend umdreht, hat einen herrlichen Blick auf den Ort, der im Tal der Schlitz zwischen Vogelsberg und Rhön liegt. Schon auf dem Hinweg lässt sich die Gegend immer wieder bewundern – mit Glück sogar in winterlich gezuckerter Pracht. Der Winterspaziergang startet am Nordbahnhof Lauterbach und führt über die nördlichen Hügel des Vogelsbergs (Kugelberg, Steinberg und Melmberg) Richtung Osten in den Kurort im Kreis Fulda. Dort vereint sich die Lauter mit der Altefeld (der Eskapade #23 noch unter dem Namen Schwarzbach folgt) zur größeren Schlitz.

Auf dem Weg ins Tal, wo vom Bahnhof aus die Regionalbahn Richtung Gießen zurück nach Lauterbach fährt, geht's für einen Abstecher durch den hübschen Kurpark. Zum Essen lohnt sich beispielsweise die Einkehr ins schnieke Hotel Badehof (www.badehof.de). Neben zwei Restaurants ist hier auch eine Wein- und Tapasbar zu finden. Zu einem Vino würden Wallfahrer jetzt vermutlich auch nicht Nein sagen.

FAZIT: UM SICH VON DER MARIENGROTTE FASZINIEREN ZU LASSEN, MUSS MAN NICHT UNBEDINGT AN WUNDER GLAUBEN.

Hin & weg: Start ist am Nordbahnhof Lauterbach. Die Regionalbahn zurück ab Bad Salzschlirf fährt stündlich.

Beste Zeit: Wenn ab Dezember ein klarer Himmel nach draußen lockt und Lust auf Winter macht.

Dauer & Strecke: 5 Std., 17 km.

Ausrüstung: Schal, Mütze und Handschuhe. Bequemes Schuhwerk.

3. KAPITEL
MINIURLAUB

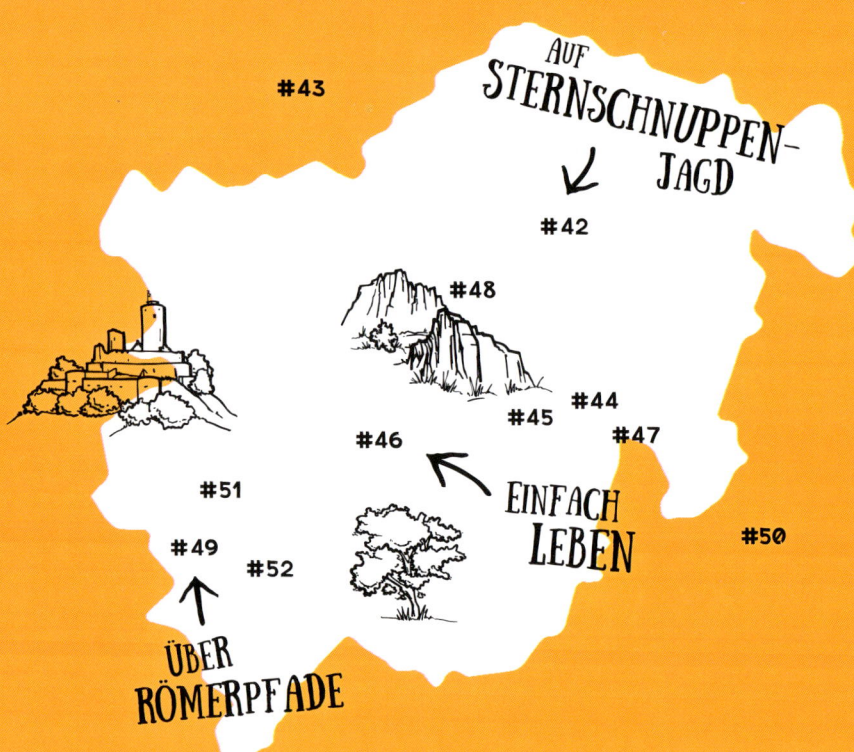

#43

AUF
STERNSCHNUPPEN-
JAGD

#42

#48

#44

#45

#47

#46

EINFACH
LEBEN

#51

#49

#52

#50

ÜBER
RÖMERPFADE

Ferien für ein Wochenende

*Quellen suchen, Städte entdecken, Pilger-
wegen folgen oder vom Funkeln des Nacht-
himmels erstaunen lassen – an einem
Wochenende lässt sich eine Menge erleben.*

36 H

UND JETZT: LICHT AUS!

$\gtrless$ ... Tag und Nacht in Feldatal $\lessgtr$

#42

Bei Nacht hat die Gemeinde Feldatal eine der spektakulärsten Attraktionen des Vogelsbergs zu bieten. Dank fehlender Lichtverschmutzung wird es hier so dunkel, dass dies für eine Sternwarte der perfekte Ort ist. Wer nach der langen Nacht aus den Federn kommt, genießt aber auch tagsüber tolle Panoramen.

#keineChancefürLichtverschmutzung #unterSternenkennern #BlickdurchsTeleskop

Moderne Technik sorgt hier in der Dunkelheit dafür, dass der Nachthimmel ganz nah kommt.

Es gibt zwei Dinge, die die menschliche Wahrnehmung gerade in städtischen oder Ballungsgebieten verlernt hat: Stille und Dunkelheit. Und wenn beide zusammenkommen, ist das im ersten Moment ein ganz schön komisches Gefühl. Dem Drang, nach dem Aussteigen aus dem Auto auf dem Parkplatz der Sternwarte (www.sternenwelt-vogelsberg.de) erst mal das Licht am Smartphone einzuschalten, sollte man trotzdem nicht nachgeben. Denn dann ertönt aus der Dunkelheit direkt ein Stimmenmeer: »Macht bitte die Taschenlampe aus!« Das mit dem Hören funktioniert also noch. Der Grund, warum man ausgerechnet hier mitten im Vogelsberg zwischen Landstraße und Feldwegen eine Sternwarte gebaut hat,

Wer diesen Ausblick mit ins Bett nehmen möchte, bringt am besten direkt Zelt und Schlafsack mit aufs Gelände der Sternwarte.

an einem Ort, wo man nachts auf den Straßen mehr Füchsen und Waschbären begegnet als Autos, ist einfach erklärt. In der näheren Umgebung sorgen weder große Städte oder sonstige dichte Besiedlung noch Industrieanlagen für besondere Lichtverschmutzung. Die einzigen Lichter, die zu sehen sind, gehören zu einem Windpark in Sichtweite. Und wenn sich die Augen erst mal an die Dunkelheit gewöhnt haben und sich das Dämmerlicht verzogen hat, eröffnet der Blick in den Himmel eine völlig neue Welt. Eine, in der der Große Wagen im Sternenmeer untergeht.

So einsam und abgelegen dieses Naturspektakel sein mag: Allein ist man dort in sternenklaren Nächten nie. Einige der Hobby-Astronomen, die die Sternwarte betreiben, trifft man nahezu jeden Abend. Sie haben selbst nach

warmen Tagen dicke Jacken und Handschuhe an und schwere Profi-Teleskope im Gepäck. Oft bleiben sie viele Stunden, manchmal auch bis zum nächsten Morgen, um den alltägli-

Bei Tageslicht gibt's Panoramablicke über die Hügel des Vogelsberg.

chen Nachthimmel und Himmelsphänomene wie Kometen und Sternschnuppennächte zu beobachten. Dass sie Besucher, die freundlich fragen, dabei auch mal durchs Teleskop blicken lassen, versteht sich von selbst. Wer großes Interesse an der Technik hinter dem Hobby hat, bekommt auch gern eine Führung durch das Allerheiligste, das Kuppelgebäude, in dem ein Riesenteleskop den Nachthimmel ganz nah ranholt. Nebenan im Flachdachgebäude sitzen Astronomen an kompliziert aussehenden Computerprogrammen, die jeden einzelnen Stern beim Namen kennen, Abstände berechnen und dabei dafür sorgen, dass durch die großen Teleskopanlagen tolle Himmelsaufnahmen entstehen.

Tags drauf ist die beste Gelegenheit, das Ganze noch mal im Hellen ausgiebig zu betrachten. Füchse und Waschbären lassen sich dann zwar nicht mehr blicken, dafür ist die Strecke auch im Tageslicht eine Wanderung wert. Der Panoramaweg, der sich im großen Bogen durch verschiedene Stadtteile von Feldatal zieht, startet in Groß-Felda und führt über die Ortsteile Stumpertenrod (wo sich unweit der Strecke eine Rückkehr zur Sternwarte lohnt), Köddingen, Windhausen und Kestrich. Einen schönen Abschluss des Mini-Urlaubs gibt's bei der Einkehr in Froschkönigs Bauernstube (www.froschkoenigs-bauernstube.de), einem gemütlichen Restaurant etwas außerhalb.

> **FAZIT: WER EINMAL SO KLAR DIE STERNE GESEHEN HAT, WIRD SÜCHTIG NACH DEM NÄCHTLICHEN SPEKTAKEL.**

Hin & weg: So schön es auch zu Fuß oder per Rad wäre, die stockdunkle Strecke zur Sternwarte ist nur per Auto sicher. Damit ist auch Feldatal am besten zu erreichen.

Beste Zeit: In jeder sternenklaren Nacht, im Sommer zwischen 0.30 und 4 Uhr.

Dauer & Strecke: 2 Tage, Wanderung 5 Std., 17 km. Sternwarte potenziell die ganze Nacht.

Ausrüstung: Wetterunabhängig warme Kleidung. Fotostativ für Sternenfotos.

Wenn es Nacht wird: Ferienwohnung (www.vogelsberg-ferienwohnung.de) direkt am Rundweg oder im Zelt gleich auf dem Gelände der Sternwarte.

JAGD AUF MÄRCHEN

... über den Lahntalradweg nach Marburg

Und wenn sie nicht gestorben sind, dann leben sie noch heute ... wo Jacob und Wilhelm Grimm diesen Optimismus nur herhatten? Vielleicht hat die Zeit, die sie zum Studium in Marburg verbrachten, ja ein wenig dazu beigetragen. Schließlich ist die Stadt an der Lahn eine der schönsten in Hessen.

#dasUferimBlick #Geschichten #Ausdauertraining #StadtdertausendTreppen

Die Marburger Oberstadt ist zu Fuß oder über einen Aufzug zu erreichen.

Wenn ein Fluss zwei Städte so hübsch miteinander verbindet wie die Lahn Gießen und Marburg, wäre es ja fast sträflich, würde man ihm nicht auch mal folgen. Ganz in Ruhe, einfach Genussradeln. Über den Lahntalradweg geht's vom Gießener Norden immer am Fluss entlang, vorbei an Auen und Kleingärten, durch hübsche kleine Orte und fast immer parallel zu den Bahngleisen. Wer kein eigenes Rad hat, kann in den Unistädten auch gut auf Leihmodelle von Nextbike (www.nextbike.de) zurückgreifen, die in Gießen ausgeliehen und in Marburg einfach wieder abgestellt werden können. Denn erst mal am Ziel angekommen, sorgt die hügelige Lage Marburgs mit ihren unzähligen Treppenaufgängen dafür, dass die Stadterkundung mit dem Drahtesel weder Spaß macht noch sonst irgendwie Sinn ergibt. Rad in der Nähe der Elisabethkirche abgestellt? Dann geht's jetzt zu Fuß weiter! Wer kurz Rast machen will, findet in der Gartenlaube (www.gartenlaube-marburg.de) ein gemütliches Restaurant, in dem man auch einfach nur bei selbstgebackenen Kuchen und Torten Kaffeepause machen kann.

Ganz in der Nähe lädt der Grimm-Dich-Pfad zu einer wirklich besonderen Stadttour auf den Spuren der weltberühmten Märchenerzähler ein. Anfang des 19. Jahrhunderts studierten

die Brüder wenige Jahre in Marburg und sollen hier mit dem Märchensammeln angefangen haben. Hundert Jahre später illustrierte mit Otto Ubbelohde ein Marburger Maler die 1909 erschienene Ausgabe der Grimmschen Kinder- und Hausmärchen und sorgte so dafür, dass Marburger Stadtansichten und die Gebrüder Grimm ein Stück weit untrennbar geworden sind. Heute finden sich überall auf der Strecke des Grimm-Dich-Pfads Kunstwerke, die an die Märchen erinnern. Die Route startet etwas südlich der Elisabethkirche im Alten

Ein guter Grund, sich beim Radeln nicht so zu verausgaben: die zahlreichen Treppen, die beim Sightseeing in Marburg noch vor einem liegen.

Botanischen Garten der traditionsreichen Uni. Vom Froschkönig zum Wolf und den sieben Geißlein bis hin zu den Fliegen des Tapferen Schneiderleins lässt sich einiges an Märchenprominenz an Häusern und Mauern der Stadt erblicken. Dabei geht's auf verschlungenen Wegen durch die Oberstadt bis rauf zum Land-

grafenschloss mit seinem hübschen Schlossgarten. Den richtigen Rückweg markiert der gigantische Schuh Aschenputtels.

»Ich glaube es sind mehr Treppen auf den Straßen als in den Häusern. In ein Haus geht man gar zum Dache hinein« steht da – wo sonst – auf den Treppen, die vom Schloss wieder runter Richtung Oberstadt führen, in den Worten der Gebrüder Grimm. Die nächste Treppe nach oben sollte sich unterwegs sicher finden lassen. Und wenn sie nicht gestorben sind, dann steigen sie noch heute …

Hin & weg: Mit Bahn oder Rad zum Gießener Bahnhof Oswaldsgarten. Zurück kann man auch ab Marburg (z. B. am Südbahnhof) die Bahn nehmen.

Beste Zeit: Von März bis August.

Dauer & Strecke: 2 Tage. Mit dem Rad von Gießen nach Marburg in 2,5 Std., 35 km. Für den Grimm-Dich-Pfad mit Rundgang durchs Schloss 1,5 Std., 2 km.

Ausrüstung: Fahrrad oder Leihrad-App. Kamera für viele schöne Stadtimpressionen.

Wenn es Nacht wird: Das Fachwerkhotel Zur Sonne (www.zur-sonne-marburg.de) war schon zu Zeiten der Grimms längst ein etabliertes Gasthaus.

> **FAZIT: SICHER WÄRE MARBURG AUCH OHNE DIE GEBRÜDER GRIMM MÄRCHENHAFT, ABER DANK IHNEN MACHT DIE STADTERKUNDUNG EINFACH VIEL MEHR SPAß.**

SCHRITT FÜR SCHRITT

 ... über die Bonifatiusroute nach Fulda

#44

Wer hätte gedacht, dass Pilgern zum Massenphänomen wird? Aber will man wochenlang Urlaub nehmen, um die Pyrenäen Richtung Santiago de Compostela zu überqueren? Schöne Wege finden sich auch in der Region, und die Bonifatius- route liefert Antwort auf die Frage, ob der Hype die Blasen wirklich wert ist.

#ichbindannauchmalweg #PilgernfürAnfänger #Achtsamkeitstraining

Ampelmännchen mit Bischofsstab gibt es in Fulda erst seit einigen Jahren – Kult sind sie heute schon.

Aus jedem guten Pilgerratgeber weiß man, dass der Weg am effektivsten allein zurückzulegen ist. Nicht nur weil man niemandem zu schnell oder langsam läuft, sondern auch weil sich viele Fragen und Probleme des Alltags im Dreiergespann Mensch, Weg und Natur am besten in Angriff nehmen lassen. Ohne stundenlanges Gewische auf dem Smartphone und auch ohne Selfies für Instagram-Stories. Obwohl die Gegend, durch die einen die Bonifatiusroute führt, es zugegebenermaßen wert ist, ab und an mal festgehalten zu werden. In Gänze erstreckt sie sich über 182,5 Kilometer von Mainz bis Fulda. Und wie es sich für eine gute Pilgerroute gehört, folgt sie den Spuren eines Heiligen, des damaligen Mainzer Bischofs, der in der Krypta des Fuldaer Doms begraben liegt. Letzterer ist auch das Ziel der finalen Etappe der nach ihm benannten Bonifatiusroute.

Los geht's im Hohen Vogelsberg an der Bushaltestelle Waldsiedlung. Sind die schmalen Straßen der Siedlung durchquert, biegt man

wenige Meter von hier ein auf die mit dem Bischofsstab gekennzeichnete Pilgerroute, die sich nun noch gute 41 Kilometer bis vor den Dom in Fulda zieht. Wer tatsächlich vorhat, mal dem Jakobsweg zu folgen, kann sich an die Tagesetappen zwischen 20 und 30 Kilo-meter so schon mal gewöhnen – und zwar ganz entspannt, ohne steile Pyrenäen-Überquerung. Dass das Pilgern so im Trend ist, ist neben Hape Kerkeling auch dem Bewusstsein zu verdanken, dass Achtsamkeit und Naturnähe eine wichtige Rolle im Alltag spielen.

Bonifatius, der im Fuldaer Dom begraben ist, hieß ursprünglich Wynfrith und stammte aus Südwest-England.

So sollen Stress und Depressionen bekämpft werden. Wen wundert's, dass selbst nicht-religiöse Menschen mehr und mehr auf die Idee kommen, uralte Pilgerpfade für sich zu erschließen und zu laufen und laufen und laufen – bis sich zumindest ein paar Probleme in Luft auflösen.

Auf der Route quer durch Hessen geht's dazu durch vielseitiges Gelände, darunter schmale Waldpfade entlang plätschernder Bäche, lichtdurchflutete breite Schneisen in weiten Waldgebieten, zahlreiche Wiesen mit Weitblick über halb Hessen und Wege vorbei an historischen Kapellen und Kirchen. Unweit der Wallfahrtskirche Klein-Heilig-Kreuz bietet es sich an, die Tagesetappe zu beenden und für Abendessen und Übernachtung im nahegelegenen Jagdhof (www.kleinheiligkreuz. jimdofree.com) Station zu machen.

Nach dem Frühstück wandert man durch frühsommerliche Felder weiter Richtung Fulda. Im 8. Jahrhundert wurde dort auf Bonifatius' Geheiß hin ein Kloster gegründet, das zum Aufbau der Stadt führte. Kein Wunder, dass heute selbst die Ampelmännchen mit dem Bischofsstab an den Heiligen erinnern.

Wer nicht allein wandern will, kann übrigens auch die goldene Regel brechen und einen Menschen einpacken, der einem am Herzen liegt. Man hängt schließlich nicht wochen-, sondern nur zwei Tage lang aufeinander, und so ein herrlich langes Gespräch hat ja auch seine heilenden Kräfte.

FAZIT: WER SICH AUFS PILGERN EINLÄSST, KOMMT MIT ODER OHNE FESTEN GLAUBEN GESTÄRKT VON SEINEM WANDERABENTEUER ZURÜCK.

Hin & weg: Vulkan-Express VB-94 bis zur Haltestelle Waldsiedlung, zurück mit Bus oder Bahn ab Fulda.

Beste Zeit: Zwischen Mai und Juni, noch bevor die Sommersonne unbarmherzig wird.

Dauer & Strecke: 2 Tage, reine Gehzeit 11 Std., 42 km.

Ausrüstung: Bequeme Schuhe für zwei Tage Ausdauerwandern, Blasenpflaster, Wasserflasche zum Auffüllen unterwegs.

Wenn es Nacht wird: Jagdhof Klein-Heilig-Kreuz.

ALLES AUF ANFANG

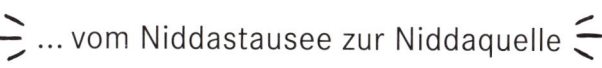

⋛ … vom Niddastausee zur Niddaquelle ⋛

#45

Über knapp 90 Kilometer verläuft die Nidda von ihrer Quelle im Hohen Vogelsberg bis zur Mainmündung nach Frankfurt. Am schönsten in Szene gesetzt wird sie nach nur wenigen Kilometern Verlauf an der Niddatalsperre. Von hier aus geht's immer am Fluss lang bis zur Quelle.

Es ist ein ruhiger Morgen am Niddastausee. Am Strand, im Schatten der mächtigen Staumauer, gehen Familien spazieren, in der Mitte des Sees macht ein Anfänger-Surfkurs die ersten Meter auf dem Wasser gut. Und oben auf dem Weg, der über die Staumauer führt, trifft man auf Jogger, die wohl nicht das Risiko eingehen wollen, dass sich die eher trübe Stimmung am Nachmittag doch noch verzieht und der Sommerhitze Platz macht.

Ein herrlicher Ort, eine Wanderung zu starten. Der See verleiht ihr noch dazu einen ganz besonders faszinierenden Effekt. Insgesamt 18 000 Quadratmeter Fläche bedeckt der Stausee, der in den 1960er-Jahren zwischen Rainrod und Schotten zur Wasserregulierung angelegt worden ist. 6,81 Millionen Kubikmeter Stauvolumen – immerhin einer der größten Stauseen in Hessen. Dass die Nidda nur einen guten Tagesmarsch von hier als winzige Quelle entspringt, kann man sich bei diesen Wassermengen fast gar nicht vorstellen.

Höchste Zeit, sich vom Gegenteil zu überzeugen. Vom Parkplatz oder von der Bushaltestelle aus geht's auf direktem Weg zum See, wo an vielen Stellen das Baden erlaubt ist. Wem es jetzt also nach einer Abkühlung ist: Einen bes-

Hin & weg: Mit dem Auto oder Bus VB-93 direkt zur Niddatalsperre. Wer nicht zurücklaufen möchte: Von der Haltestelle Hoherodskopf ganz in der Nähe der Taufsteinhütte fährt der Bus VB-93 zurück ins Tal.

Beste Zeit: Zwischen Juni und August, wenn man sich im See kurz abkühlen kann.

Dauer & Strecke: Ein ganz entspanntes Wochenende. Wanderung 5 Std., 17 km.

Ausrüstung: Evtl. Badesachen.

Wenn es Nacht wird: Die Übernachtung in den Weinfässern der Taufsteinhütte ist legendär.

Aus der winzigen Quelle wird bis in den Süden der Wetterau ein stattlicher Fluss, der in Frankfurt in den Main mündet.

seren Zeitpunkt wird es nicht geben. Auf zur Staumauer, auf der ein breiter Fußgängerweg in ein paar Minuten zum gegenüberliegenden Ufer führt. Für die Ausblicke hier oben lohnt es sich in jedem Fall, Kamera oder Smartphone bereitzuhalten. Am südlichen Ufer geht's dann zwischen See und Waldrand Richtung Schotten. Dort durchquert man immer nah an der Nidda zunächst die Stadt selbst und anschließend den Ortsteil Rudingshain.

Wer sich, im Oberwald angekommen, das Ziel der Tour für Tag zwei aufsparen will, kann kurz vor oder hinter den Forellenteichen schon zur Übernachtungsgelegenheit in der Taufsteinhütte (www.taufsteinhuette.de) abbiegen. Im zugehörigen Restaurant wartet auch schon direkt eine Stärkung. Übernachtet wird am schönsten in den Weinfässern, die herrlich gemütlich ausgebaut und ideal für zwei Personen sind.

Für Ungeduldige - oder Ausgeschlafene - geht's dann weiter zum Ziel der Wanderung an

die Niddaquelle, unweit eines beeindruckenden Hochmoors, der Breungeshainer Heide. Hier macht sich eine mystische Stimmung breit, die bis zur Quelle anhält. Über ihr hängt sogar im Sommer ein bisschen geheimnisvoller Dunst. Einer der magischsten Orte des ganzen Vogelsbergs.

FAZIT: WIE SCHNELL AUS EINEM KLEINEN PLÄTSCHERN EIN RICHTIGES NATURPARADIES WERDEN KANN …

IM ALLTAG DES SCHÄFERS

 ... in der Schäferstadt Hungen

#46

Spätestens seit in den 1920er-Jahren in Hungen das Schäferfest ins Leben gerufen worden ist, trägt die Stadt im südlichen Gießener Land den Beinamen Schäferstadt. Das sorgte zuletzt dafür, dass der Schäfertradition hier auch ein ganz besonderes Hotel gewidmet wurde.

#Schäferstadt #WiesenundWälder #unterSchäfchenwolken #folgdemSchäfer

Mit Wildblumenwiesen und Schaf-
weiden erfüllt Hungen auch wichtige
Nachhaltigkeitsstandards.

Es reicht ein Blick auf das quietschbunte Graf-
fito unweit der Hungener Käsescheune, um
zu sehen, wie viel Tradition in der beschaulichen Stadt in den westlichen Ausläufern des
Vogelsbergs steckt. Ein junger Schäfer sitzt,
einen Laptop auf dem Schoß, inmitten einer
Herde flauschig bunter Schafe. Seit vielen
Jahren trägt Hungen den Beinamen Schäferstadt – wegen des Schäferfests, das alle zwei
Jahre Schäfer wie Touristen anzieht, aber auch
weil dies die einzige Stadt in ganz Hessen ist,
die noch einen hauptamtlichen Schäfer zur
Beweidung des öffentlichen Naturraums beschäftigt. Und das inzwischen mindestens
seit dem Jahr 1606. Kein Wunder, dass dem
Stadtschäfer und seiner Herde neben Street-

Der Duft nach Holz und frisch gewaschener Wäsche sorgt in der Schäferwagenherberge für ein heimeliges Gefühl.

Art auch ein eigener Rundwanderweg gewidmet ist, der im Rahmen des Naturschutzprojekts Wetterauer Hutungen entwickelt wurde. Der Weg startet an der Käsescheune im Ortskern und führt ortsauswärts Richtung Norden, vorbei an einem jahrzehntealten Schäferdenkmal sowie einem aus Holz geschnitzten Schäfer, der farbenfrohe Blumenwiesen bewacht. An Waldrändern, Feldern, Wiesen und Weiden entlang geht's im großen Bogen

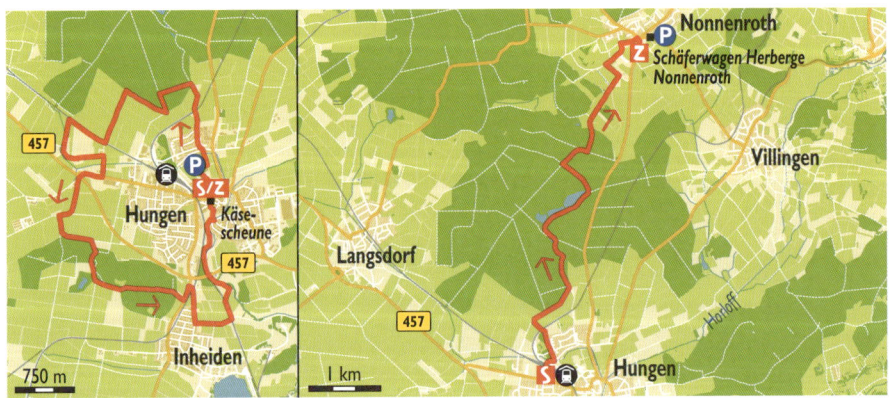

Weil die Schafe in der Gegend eine ganze Menge Landschaftspflege übernehmen, leistet sich die Stadt Hungen als letzte Gemeinde Hessens noch einen eigenen Schäfer.

einmal westlich rund um die Stadt. Wer unterwegs mal keine Schäfchen trifft, hat gute Chancen, dass einem zumindest der Himmel Schäfchenwolken beschert.

Eine Stärkung gibt's am Ausgangspunkt der Wanderung im Restaurant der Hungener Käsescheune (www.kaesescheune.de). Davor oder danach lohnt sich auch ein Abstecher in die hauseigene Schaukäserei. Zu den Spezialitäten des Lokals gehören kreative Käsekreationen wie Handkäs-Tartar oder Käseschaumsuppe.

Passend zum Thema der Wanderung geht's jetzt für die Nacht in eine standesgemäße Unterkunft. Keine sieben Kilometer entfernt hat die evangelische Kirchengemeinde des Ortsteils Nonnenroth am Ortsrand ein echtes Kleinod aufgebaut. Die Schäferwagenherberge (www.schaeferwagen-nonnenroth.de) bietet in sechs hübsch unter Apfelbäumen gelegenen Wagen eine unfassbar gemütliche

Übernachtungsgelegenheit. Ein platzsparendes Doppelbett mit Stockbett unter der hölzernen Decke, ein kleiner Tisch, auf dem die Mitarbeiter selbstgemachte Marmelade und Schäfchengummibärchen als Willkommensgeschenk aufgestellt haben, eine gemütliche Sitzgruppe vor jedem Wagen – mehr braucht die kreative Unterkunft auch für mehrere Tage nicht. Duschen, Toilette und Küche gibt's im gepflegten Servicehaus nur wenige Meter von den Wagen entfernt. Und leckeres Essen im Dorfgemeinschaftshaus direkt nebenan.

Hin & weg: Mit der Bahn zum Bahnhof Hungen oder Anreise mit dem Auto. Zurück zum Bahnhof geht's am nächsten Tag auf demselben Weg.

Beste Zeit: Von April bis Oktober kann man die Schäferwagen buchen.

Dauer & Strecke: 2 Tage. Rundweg Auf Schäfers Spuren 3 Std., 12 km. Fußweg von Hungen nach Nonnenroth, 2 Std., 6,5 km.

Ausrüstung: Eigene Handtücher für die Schäferwagenherberge. Bettwäsche wird gestellt. Sonnenschutz für den Rundweg.

Wenn es Nacht wird: Muckeliger Schäferwagen in der Hungener Schäferwagenherberge.

FAZIT: SELBST WENN SICH MAL KEINE ECHTEN SCHÄFCHEN BLICKEN LASSEN, SIEHT MAN DAS ERBE DER SCHÄFERSTADT IN JEDEM WINKEL.

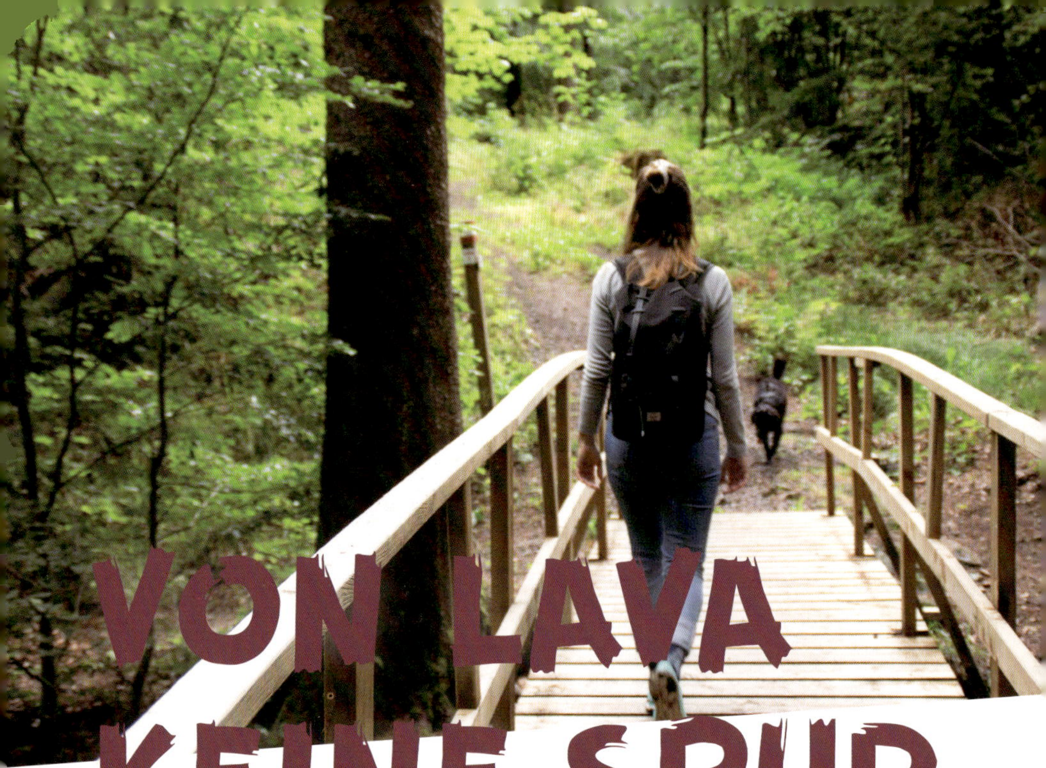

VON LAVA KEINE SPUR

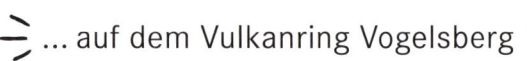

… auf dem Vulkanring Vogelsberg

#47

Dass im Vogelsberg vulkanische Aktivität herrschte, ist über sieben Millionen Jahre her. Das Gesicht der Region prägen die Erdaktivitäten, die hier riesige Basaltformationen hinterlassen haben, aber bis heute. Der Fernwanderweg Vulkanring sorgt dafür, dass die Vergangenheit erlebbar wird.

#EntstehungderErde #Fernwanderweg #WiesenundWälder #SpurendesVulkans

Wer genau hinschaut, kann im Basaltgestein Gesichter und Figuren erkennen.

Wenn man sich zum ersten Mal mit dem Vogelsberg beschäftigt, könnte man glatt den Eindruck von einer Art Mordor bekommen, mit düsteren Gipfeln, bedrohlichem Brodeln und allgegenwärtiger Gefahr in der Luft. Oder zumindest ein Gefühl von Pompeji ... Der Vogelsberg gilt bei Geologen als Superlativ, als größtes Vulkanmassiv Mitteleuropas.

Das macht die Gegend auch für Wanderer interessant, obwohl hier schon lange nichts mehr raucht, ausbricht oder brodelt – was ja der Sicherheit der Wanderung auch ganz zuträglich sein kann. Gut 20 Millionen Jahre ist es her, dass die Vulkanaktivität ihren Lauf nahm, seit sieben Millionen Jahren ist jedoch alles erloschen. Die Gefahr gehört der Ver-

Der Schwarzbach, der hier durch die Landschaft rauscht, verbindet sich im nordöstlichen Vogelsberg mit der Lauter zur Schlitz.

gangenheit an. Geblieben ist eine Basaltlandschaft wie aus dem Bilderbuch.

Wer sich in die Gegend verlieben möchte, folgt dem Vulkanring, einem Fernwanderweg von 180 Kilometern Länge, den man in sechs Tagesetappen einteilen kann. Dann führt die Route von Laubach vorbei an Gedern, Grebenhain, Herbstein, Lautertal und Ulrichstein. Eine der schönsten Teilstrecken ist aber auch in wenigen Stunden auf einem entspannten Wochenendausflug zu schaffen.

Als guter Einstieg mit öffentlichen Verkehrsmitteln dient die Vulkan-Express-Haltestelle Sichenhausen Sängerswaldstraße. Von dort aus erreicht man in wenigen Hundert Metern Fußweg Richtung Süden den Vulkanweg, in den man auf Höhe des 612 Meter hohen Hügels Alte Burg in Richtung Volkartshain abbiegt. Zu erkennen ist der rechte Weg dank der auffälligen Wegmarkierungen, dem doppelten V, dem man in der Region immer wieder begegnet.

Von herrlichen Abschnitten über Felder und Wiesen folgt man dem Weg über die Herchenhainer Höhe in Richtung Oberwald, wo das erste Etappenziel, der Grebenhainer Stadtteil Ilbeshausen-Hochwaldhausen idyllisch am Waldrand liegt. Hier lässt sich gut eine Übernachtung einplanen. Für eine Einkehr lohnt sich ein Abstecher in den Ortskern, etwa für ein Abendessen im Hessischen Hof.

Am nächsten Morgen geht's direkt zurück in den Wald. Schon nach wenigen Minuten kommt man an einer besonderen Sehenswürdigkeit vorbei, einer Hinterlassenschaft der Vulkanära: Die moosbewachsenen Uhuklippen liegen mystisch in der Morgensonne, und abergläubische Wanderer erkennen in den Felsen wie viele vor ihnen Gesichter. Unterwegs folgt man hier erst mal eine Weile dem Rauschen des Schwarzbachs durch mystische Waldabschnitte.

Über Lanzenhain führt der Weg nun in den Norden des Städtchens Herbstein. Von dort bringt einen der Vulkan-Express über die Umsteigestationen Hoherodkopf oder Hartmannshain wieder zurück in alle Winkel von Vogelsberg und Wetterau.

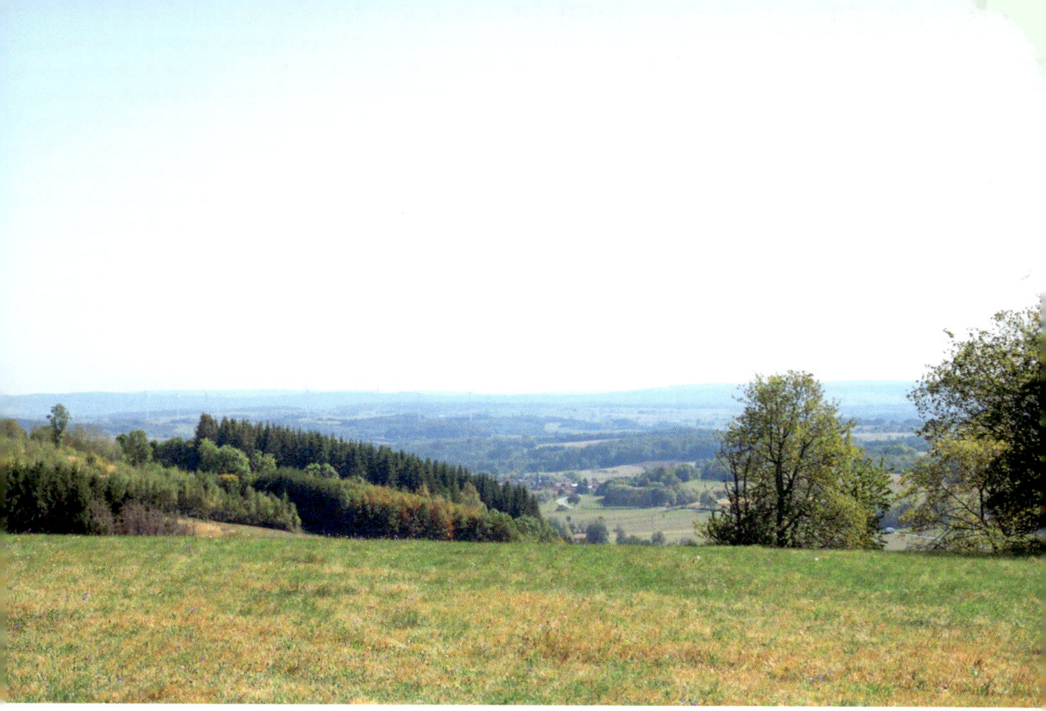

Schon zu Beginn der Tour gibt es herrliche Ausblicke über die einstige Vulkanregion.

FAZIT: KLEINE LEHRSTUNDE IN SACHEN ERDENTSTEHUNG, DIE EINEN EIGENTLICH GANZ DANKBAR MACHT, DASS LAVA HIER VERGANGENHEIT IST.

Hin & weg: Mit dem Bus VB-94 nach Sichenhausen, zurück geht's von Herbstein mit der VB-91 über Hoherodskopf oder mit der VB-90 über Hartmannshain.

Beste Zeit: Wenn ab August die Spätsommerhitze langsam verfliegt. Busse fahren an Wochenenden und Ferientagen.

Dauer & Strecke: Übers Wochenende. Laufzeit 10 Std., 35 km.

Ausrüstung: Wanderschuhe, Proviant, Wasservorrat.

Wenn es Nacht wird: Die Pension Grünes Paradies (www.gruenes-paradies.de) in Ilbeshausen-Hochwaldhausen liegt fast auf dem Weg.

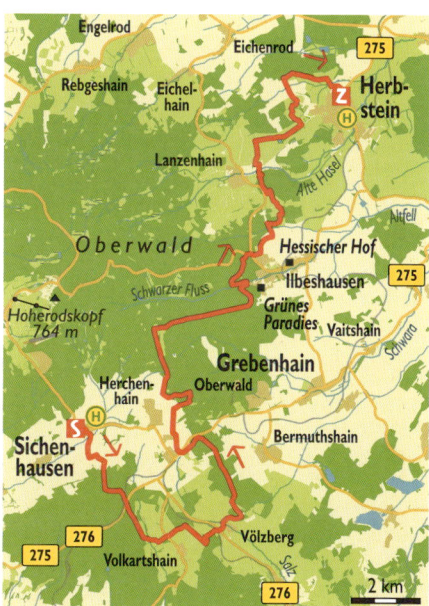

FACHWERK-LIEBE

... zwischen Grünberg und Schlitz

#48

Über 104 historische Innenstädte in ganz Deutschland spannt sich das Netz der Deutschen Fachwerkstraße. Eine der Regionen, in der etliche Stationen ganz nah beisammen liegen, ist der nördliche Vogelsberg. Mit dem Rad geht's von Grünberg über Homberg (Ohm), Alsfeld und Lauterbach nach Schlitz.

#Balkenzählen #übersKopfsteinpflaster #DeutscheFachwerkstraße #MittelalterFeeling

Architektonische Kunstwerke finden sich an der Fachwerkstraße in jedem Winkel.

→ MINIURLAUB …

Was das niedersächsische Stade kurz vor der Elbmündung mit Meersburg am Bodensee verbindet? Balken, Balken, Balken – und zwar wirklich eine ganze Menge davon. Die beiden Städte markieren die nördlichste und südlichste Station der Deutschen Fachwerkstraße, die sich im Zickzack durch einen Großteil der deutschen Bundesländer zieht. Um alle zu sehen, müsste man gut 3900 Kilometer zurücklegen. Die knapp 90 Kilometer zwischen Grünberg und Schlitz im nördlichen Vogelsberg zeichnen aber auch schon ein wunderbar buntes Bild.

Los geht's im Kurstädtchen Grünberg, in das man samt Fahrrad per Bahn anreist. Eins der ältesten und schönsten Fachwerkhäuser hier ist das Renaissance-Rathaus, das aus

den 1580er-Jahren stammt. Als die Bauart im 19. Jahrhundert landauf, landab aus der Mode gekommen war, musste sich die Fassade für über hundert Jahre hinter Putz verstecken. Ein Glück, dass die Mittelalterarchitektur heute wieder voll im Trend ist.

Nächste Station der Tour ist Homberg (Ohm), wo man ganz in der Nähe des Flusses herrlich eine Pause im Landhaus Pletschmühle (www.pletschmuehle.com) einlegen und Freitag- und Samstagnachmittag im hauseigenen Hofladen einkaufen kann. Danach geht's zum

Die Fachwerkgebäude im Vogelsberg zählen zu den am besten erhaltenen ihrer Art in Hessen.

Herz der Altstadt: zum Marktplatz mit zahlreichen Wohn- und Geschäftsgebäuden sowie einem Fachwerkrathaus.

Nächster Stopp ist am Ende des Tages Alsfeld. Dort sieht man die historischen Häuser endlich nicht mehr nur von außen, wenn man sich als Station für die Nacht die Pension Mainzer Tor (www.mainzertor.de) aussucht. Durch enge verwinkelte Gänge mit niedrigen Decken gelangt man in die eher modern ausgestatteten Zimmer mit Blick auf einen bezaubernd verwilderten Innenhof. Das Restaurant im Erdgeschoss ist extrem gut und günstig. Ein Stadtbummel im Dämmerlicht führt auch hier durch eine vom Fachwerk geprägte Altstadt.

Tag zwei startet mit der Strecke von Alsfeld nach Lautertal, wo sich die Fachwerkarchitektur an schönen Tagen im Wasser der plätschernden Lauter spiegelt. In der Altstadt angekommen, lohnt sich eine kleine Pause im gemütlichen Café Stöhr, bevor es weiter zur letzten Station auf der Fünfstädtetour geht.

Die östlichste Stadt des Vogelsbergs ist nicht nur die flächenmäßig viertgrößte Stadt Hessens, sondern ebenso Heimat der größten Adventskerze der Welt, die in der Vorweihnachtszeit hinter den Fachwerkbauten am Schlitzer Markt zu bewundern ist. Darunter verbirgt sich Jahr für Jahr der 36 Meter hohe Bergfried der Schlitzer Hinterburg. Auch für den hübschen Weihnachtsmarkt kann es sich lohnen, den Ausflug auf milde Adventswochenenden zu legen.

> **FAZIT: DIE FACHWERKHÄUSER MACHEN DIE GEGEND SO HEIMELIG, DASS DIE UNGEMÜTLICHE WINTERZEIT GLEICH FAST IN VERGESSENHEIT GERÄT.**

Hin & weg: Mit der Bahn zum Bahnhof Grünberg. Zurück geht's nicht von Schlitz aus, sondern vom Bahnhof Bad Salzschlirf.

Beste Zeit: An milden Tagen von Oktober bis Februar.

Dauer & Strecke: 2 Tage. Reine Fahrtzeit: 6,5 Std., 87,5 km.

Ausrüstung: Fahrrad, warme Kleidung.

Wenn es Nacht wird: Im verwinkelten Fachwerkhaus der Pension Mainzer Tor in Alsfeld.

BRVNNEN III. 12,60 m. tief

ERICI III FILIV GVILELMI MAGNI
XV IN MEMORIA ET HONOREM PAR
MITIS ROMAN BVRGENSE RE

DEN RÖMERN HINTERHER

≥ … auf dem Limeswanderweg zur Saalburg ≤

#49

Mit dem Limes führt eines der wichtigsten Zeitzeugnisse aus der Römerzeit im großen Bogen durch Hessen. Wer ihm ab Langenhain-Ziegenberg Richtung Süden folgt, erreicht in wenigen Stunden die Saalburg, eine der am besten erforschten und rekonstruierten Anlagen Europas.

Über 600 Soldaten sollen vor fast 2000 Jahren das Kastell hier aufgebaut haben.

Wir schreiben das Jahr 90 nach Christus, und im Taunus wimmelt es nur so von Römern. Um diese Zeit begannen die ersten Soldaten mit der Befestigung des Gebiets der heutigen Saalburg. Im 2. Jahrhundert ging es dann mit den großen Gebäuden los, in deren rekonstruierten Überresten man heute spazieren und auf Zeitreise gehen kann. Beachtlich, vor allem weil die Bewohner des Taunus im Mittelalter die nach 250 verlassenen Ruinen als Materiallager und Steinbruch nutzten und Geschichtsforscher und Archäologen hier erst im 18. und 19. Jahrhundert die Arbeit aufnahmen. Mittlerweile ist das wiederaufgebaute Römerkastell (www.saalburgmuseum.de), in dessen nächster Umgebung im Wald auch etliche Überreste von Wachtposten ausgemacht werden können, ein echtes Museum zum Anfassen. Brunnenhäuser, Mauern, alte Backöfen und Wohngebäude geben Einblick in eine Zeit, die fast 2000 Jahre zurückliegt. Das Museumsrestaurant Taberna versucht sich sogar am kulinarischen Aufarbeiten der alten Römertraditionen. Wein, Brot, Wurst und Käse gibt's so zu probieren, wie auch die Römer

Hin & weg: Mit dem Bus FB-35 bis zur Haltestelle Ziegenberg. Zurück entweder auf derselben Strecke oder per Bahn ab Bahnhof Wehrheim Saalburg/ Lochmühle.

Beste Zeit: Von August bis November.

Dauer & Strecke: Ein Wochenende. 5 Std. 18,5 km (einfache Strecke).

Ausrüstung: Gute Schuhe, Proviant.

Wenn es Nacht wird: Im nahegelegenen Ortsteil Obernhain gibt's das gemütliche Gasthaus zum Taunus (www.gasthaus-zum-taunus.de).

Wer sich den Museumseintritt sparen will, kann an der Saalburg auch von außen eine Menge Historie begutachten.

sie zubereitet haben mögen. Sich vorzustellen, wie es damals gewesen sein mag, ist in diesem Ambiente gar nicht mehr so schwer. Hin geht's immer entlang des Obergermanisch-Raetischen Limes, der sich vom Osten Bayerns an der Donau bis ganz in den Westen Nordrhein-Westfalens zieht und auch als Fernwanderweg gelaufen werden kann. Durch Hessen führt er in einer großen Schleife, von der Höhe Aschaffenburg Richtung Norden ins südliche Gießener Land und dann wieder südwärts weiter über den Taunus Richtung Koblenz. Eine gut erreichbare Tagesetappe Richtung Saalburg startet in Langenhain-Ziegenberg, einem Stadtteil von Ober-Mörlen, der per Bus und Auto gut erreichbar ist. Der Limeswanderweg beginnt unweit der Bushaltestelle Ziegenberg südlich des Schlosses und führt schnell unter die Waldwipfel des Taunus.

Auf der Strecke zwischen Neu-Anspach und Friedrichsdorf verläuft dann auch der höchste und steilste Teil des hessischen Limes mit Höhenunterschieden von gut 450 Metern. Ein bisschen Ausdauer schadet vielleicht nicht. Zurück geht's am nächsten Tag (Übernachten kann man unweit der Saalburg in Obernhain) entweder auf gleicher Strecke oder nur ein kurzes Stück bergabwärts zurück zum Bahnhof Saalburg/Lochmühle. Über Friedrichsdorf bringt der ÖPNV einen zurück in Richtung Wetterau.

> **FAZIT: DIE RÖMER HATTEN JA SCHON EIN BESONDERES HÄNDCHEN, WENN'S UM DAS SIEDELN AN SCHÖNEN FLECKEN GEHT.**

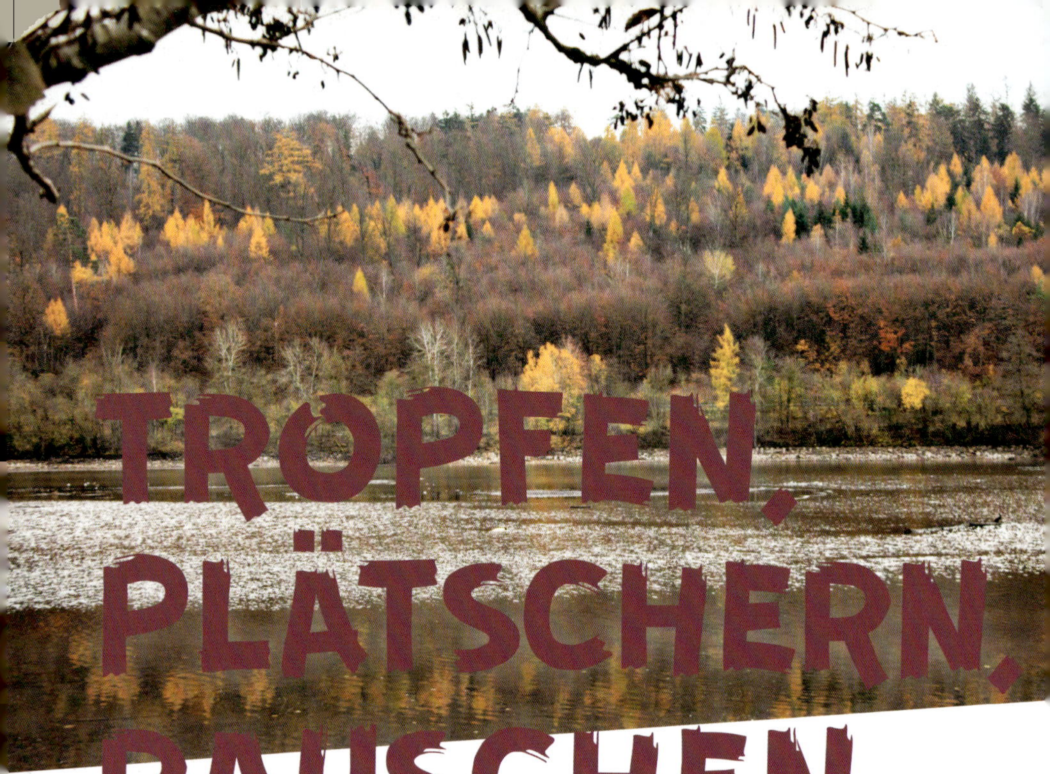

TROPFEN, PLÄTSCHERN, RAUSCHEN

… übers Wochenende nach Steinau an der Straße

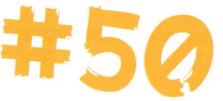

#50

Als eine von vielen Städten Hessens bezeichnet sich Steinau an der Straße seit Jahrhunderten als Gebrüder-Grimm-Stadt. Und tatsächlich geht's mit Hügeln, Wäldern, einer Tropfsteinhöhle und dem malerischen Kinzigstausee noch heute ganz schön märchenhaft zu.

#demTeufelaufderSpur #einMeervonHügeln #Seenrunde #GebrüderGrimmStadt

Neben der historischen Innenstadt lohnen sich in Steinau auch
Abstecher in die Natur.

Was Definition und Lage angeht, da hält sich die Gegend um Steinau alle Optionen offen. Ein bisschen am Rand des Vogelsbergs, ein bisschen hessischer Spessart, ein Kleinod mittendrin. Hier in der Stadt wuchsen schon die Gebrüder Grimm auf, lang bevor sich die vielbefahrene Autobahn durch die sanften Hügel hinter der Stadt schlängelte. Die Stra-ße im Ortsnamen bezog sich damals noch einzig auf die Via Regia, die wichtige mittel-alterliche Handelsroute zwischen Frankfurt und Leipzig. Dieses Idyll in die Knie zu zwin-gen, schafft aber selbst das Dröhnen der Motoren nicht.

Das merkt man schon, wenn man von der nördlichen Nachbargemeinde Freiensteinau (der Ortsteil Holzmühl ist dank seiner Bus-anbindung ein guter Einstieg) die Tour durch die Landschaft des südlichen Vogelsbergs

startet. In einem Wald liegt auf etwas mehr als halber Strecke die sagenumwobene Teufelshöhle (www.gvv-steinau.de/tourismus). Die 2,5 Millionen Jahre alte Tropfsteinhöhle soll im 16. Jahrhundert von einem Kuhhirten entdeckt worden sein, nachdem einer seiner Schützlinge im Gestein verschwand. Zwischen Ende April und Ende September geht's, wenn die Höhle geöffnet ist, auf eine faszinierende Führung durch Stalagmiten und Stalaktiten, gerade im Herbst lohnt sich aber auch bei geschlossener Höhle ein Abstecher durch die geheimnisvolle Landschaft ringsum. Vorbei am Bergweiher und Ausblicken, bei denen nicht mal die Autobahn stört, geht's von hier nach kurzem Aufstieg sanft bergab ins Kinzigtal. In Steinau selbst, der Stadt, in der die Gebrüder Grimm Kindheit und Jugend verbrachten, kann man herrlich noch ein

bisschen durch die Straßen schlendern und dann im historischen Burgmannenhaus (www.burgmannenhaus-steinau.de) mit seinen hübschen Fachwerkzimmern übernachten. Im Restaurant dazu, der Wilden Speisekammer,

Hin & weg: Mit dem Bus 95 in den Freiensteinauer Ortsteil Holzmühl oder direkt mit der Bahn zum Steinauer Bahnhof.

Beste Zeit: Zwischen September und November. Wer statt Herbstidyll lieber die Höhle besichtigen mag, kommt von Mai bis September.

Dauer & Strecke: 2 Tage. 6 Std. für 19 km von Freiensteinau über die Höhle nach Steinau. Seenrunde etwa 2,5 Std., 9 km.

Ausrüstung: Bequeme Schuhe.

Wenn es Nacht wird: Im historischen Burgmannenhaus gibt's Gästezimmer und Wildspezialitäten aus dem Spessart.

Die Farben auf Wald und Wegen sorgen statt für Herbstblues für gute Laune.

gibt's Abendessen mit regionalen Wildspezialitäten und Frühstück.

Wer von der Stadt aus am nächsten Tag der Kinzig folgt, entdeckt ein Stück südwestlich eine herrliche Spazierroute rund um die Kinzigtalsperre. Bewaldete Hügel spiegeln sich im Wasser des Stausees und Wasservögel lassen sich ganz aus der Nähe beobachten. Die Autobahn, die gestern noch ihr Bestes gegeben hat, die Ruhe zu stören, ist noch ein Stück weiter weg. Das Idyll hat gewonnen.

FAZIT: EINE DER SCHÖNSTEN STÄDTE AM FUßE DES VOGELSBERGS BÖTE SELBST OHNE DIE GEBRÜDER GRIMM EIN ARSENAL AN GESCHICHTEN.

VERBORGENE AUSSICHTEN

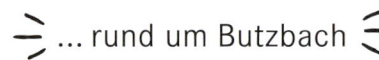 ... rund um Butzbach

 **#51**

Von wegen die Wetterau hat keine Berge! Wer vom Butzbacher Ortsteil Hoch-Weisel aus den Hausberg in Angriff nimmt, ist oben angekommen ganz schön außer Puste. Und auch im flacheren Teil des Stadtgebiets gibt's an einem Wochenendausflug so manche Entdeckung zu machen.

#ganzschönneblig #Baummonster #derWetterauaufsDachsteigen

Wer sagt denn, dass perfektes
Wanderwetter immer Sonne braucht?

Es gibt Umstände, da rechnet man einfach nicht mit Besuch ... Ruhige, trübe Tage, an denen der Winternebel einen einhüllt und man einfach nur jeden Sonnstrahl einzeln genießen möchte, der doch noch auf den Waldboden fällt. So oder so ähnlich wird sich das auch das Reh gedacht haben, als plötzlich Wanderer um die Ecke des Pfads biegen und alle Beteiligten erst mal mit einem ganz schönen Schrecken aus dem Zusammentreffen

gehen. Beim Menschen schlägt er allerdings ziemlich unmittelbar in Faszination um. Wie viele Facetten die Wetterau doch selbst zu dieser Jahreszeit noch hat!

Die Tour auf den 485 Meter hohen Hausberg, auf der sich das Reh für den Bruchteil einer Sekunde gezeigt hat, ist nur einer von zahlreichen schönen Spaziergängen für eine Entdeckungstour der Stadt im Nordwesten der Wetterau, wenn man hier ein Wochenende verbringt. Im historischen Stadtkern etwa gibt's den Marktplatz, der vor einigen Jahren zum schönsten Hessens gewählt wurde. Nur ein paar Schritte vom Ausblick auf das schmucke Fachwerk entfernt bietet das Team des Restaurants [markt : wirt : schaft] (www.marktwirtschaft-butzbach.de) moderne Traditionsküche.

Direkt im Westen der Kernstadt, am Ende der Taunusstraße, die vom Bahnhof Richtung Westen führt, startet der Wanderweg am Rande des 2007 für den Butzbacher Hessentag angelegten Naturparks Taunus. Es geht durch eine herrlich ruhige Landschaft, über Pfade und Waldwege und ein Stück weit sogar entlang des römischen Limes, zu dessen Ehren

ein Römerwachturm wiederaufgebaut wurde. Doch der lohnendste Ausflug ist immer noch der auf den Hausberg, selbst an einem Tag,

... hier kost es dich kein Geld – Hoch-Weisel
... das schönste Plätzchen der Welt

Man darf den Bewohnern Hoch-Weisels schon glauben, dass der Ausblick überragend ist – vielleicht zeigt er sich auch noch.

an dem sich der Winternebel so gar nicht verziehen will. Im Westen des südlichen Butzbacher Stadtteils Hoch-Weisel bieten sich dann statt toller Ausblicke eben unfassbare Lichtspiele mitten im Wald. Baummonster recken und strecken bedrohlich die Astärmchen, und wenn irgendwo in der Ferne etwas raschelt, denkt man gleich wieder an das faszinierende Tier, dessen Samstagsruhe man vorhin so ungeschickt gestört hat. Wer Glück hat und auf dem Hausberggipfel ankommt, wenn der Dunst sich verzogen hat, kann noch die Stufen auf dem 23 Meter hohen Hausbergturm steigen und sich über die wunderbare Aussicht freuen. Der Abstieg zurück Richtung Hoch-Weisel wird dann dank der Sonnenstrahlen nochmal ein gutes Stück entspannter.

Hin & weg: Zum Bahnhof Butzbach fahren diverse Busse und Regionalbahnen. Nach Hoch-Weisel verkehrt nicht ganz regelmäßig der Bus FB-55. Alternativ reist man über den Bahnhof Ostheim an.

Beste Zeit: Sobald der Winter sich blicken lässt.

Dauer & Strecke: Ein Wochenende. Hessentagsweg: 2,5 Std., 9 km. Rundweg zum Hausberg ab Hoch-Weisel 4 Std., 13,5 km (330 hm).

Ausrüstung: Bequeme Schuhe.

Wenn es Nacht wird: Neben Gästezimmern gibt's im Gästehaus Wilhelmshöhe auch ein Restaurant (www.wilhelmshoehe-butzbach.de).

FAZIT: MIT GENUG FANTASIE KANN MAN DAS WETTERAUPANORAMA AUCH MITTEN IM NEBEL HERRLICH GENIESSEN.

HÖHER WIRD'S NICHT

 ... von Friedberg auf den Großen Feldberg

 **#52**

So fern und doch zum Greifen nah. Wenn sich der Taunus jedes Jahr in winterliches Weiß hüllt, scheinen die Berge hier noch näher zu rücken und jeder Wintermoment kommt einem unbezahlbar vor. Also: Brot schmieren, Mütze und Handschuhe überstreifen und nichts wie rauf auf den Berg.

Vom König des Taunus führen einige Wege wieder runter. Aber bevor der Ausflug zur Schlitterpartie wird, nimmt man vielleicht doch besser den Bus.

Taunusgemeinde Wehrheim. Hier kann man entweder abkürzen und sich mit Bahn und Bus direkt zum Gipfel fahren lassen, oder man trotzt der Kälte und läuft, wenn Winterwetter und Glätte es zulassen, den Rest des Wegs bis zum Gipfel auch noch hoch. Den Eintrag ins Gipfelbuch hat schließlich nur verdient, wer den Berg tatsächlich bezwungen hat.

Oben angekommen, erwartet einen spätestens kurz vorm Feldbergplateau schönstes Winterwetter. Klirrende Kälte, vielleicht auch etwas Nebel und die vergnügten Rufe von großen und kleinen Kindern, die die Wanderwege als Rodelstrecken für sich entdeckt haben. Guter Tipp: Gerade wenn der Schnee schon ein paar Tage alt ist, lohnt es sich gegebenenfalls ein Stück parallel zu den Wegen durch frischeren Schnee zu laufen, statt über glitschige Hauptwege zu schlittern.

Wird es am Nachmittag schon langsam dunkel, kann der Feldberggipfel auch bis morgen

Winterregel Nummer eins: Bevor man das Knirschen des Schnees unter den Schuhen nicht mit eigenen Ohren gehört hat, ist noch kein richtiger Winter. Also: Nichts wie rein in dicke Wandersocken und passendes Schuhwerk und rauf auf den König des Taunus. Der Große Feldberg ist nur einen guten Tagesmarsch von der westlichen Wetterau entfernt.

Los geht's frühmorgens im Friedberger Stadtteil Ockstadt, der im Frühjahr und Sommer für seine Blüten- und Früchtepracht bekannt ist. Direkt hinter dem Ort beginnen die ersten Ausläufer des Taunus, hinter deren sanften Hügeln der gut 880 Meter hohe Große Feldberg schon von Weitem zu sehen ist. Über die Wanderwege geht's jetzt rein in den Winterwald und auf einen Abstecher durch die

Hin & weg: Nach Ockstadt fährt ab Friedberg der Bus FB-32. Bei Schnee und Kälte besser abkürzen und ab Wehrheim direkt mit dem ÖPNV (Bus oder Bahn) zum Gipfel. Zurück geht's auch über Oberursel wieder Richtung Friedberg.

Beste Zeit: Sobald der erste Schnee fällt.

Dauer & Strecke: Ein Wochenende. Für die ganze Strecke von Ockstadt bis zum Gipfel 9 Std., 28 km, 964 hm. Laufzeit von Ockstadt bis Wehrheim (bei Schnee) 4,5 Std., 14,5 km, 395 hm.

Ausrüstung: Schneekleidung, Mütze und Handschuhe. Wer mag: Schlitten.

Wenn es Nacht wird: In der Nähe vom Gipfel wird's im Hotel Sandplacken muckelig warm.

So viel Schnee ist selbst am Großen Feldberg ein eher seltenes Schauspiel. Umso schöner, wenn sich doch mal ein Hauch von Winterwunderland einstellt.

warten. Vor den letzten 200 Höhenmetern gibt's eine verdiente Rast im wohlig warmen Hotel am Taunuspass Sandplacken (www. hotelsandplacken.de) und eine Stärkung im hauseigenen Restaurant. An Tag zwei startet man dann den 3,5 Kilometer langen Aufstieg zum Gipfel und hat so mehr Zeit, sich selbst mal wieder auf den Schlitten zu schwingen, Schneemänner zu bauen oder einfach nur von hier oben die Aussicht übers Rhein-Main-Gebiet zu genießen – sofern sie sich vor lauter Winterdunst denn sehen lässt.

FAZIT: ES GIBT KEINE BESSERE JAHRES-ZEIT ALS DEN WINTER, UM EINEN AB-STECHER RICHTUNG TAUNUS ZU MACHEN.

SONST NOCH WICHTIG

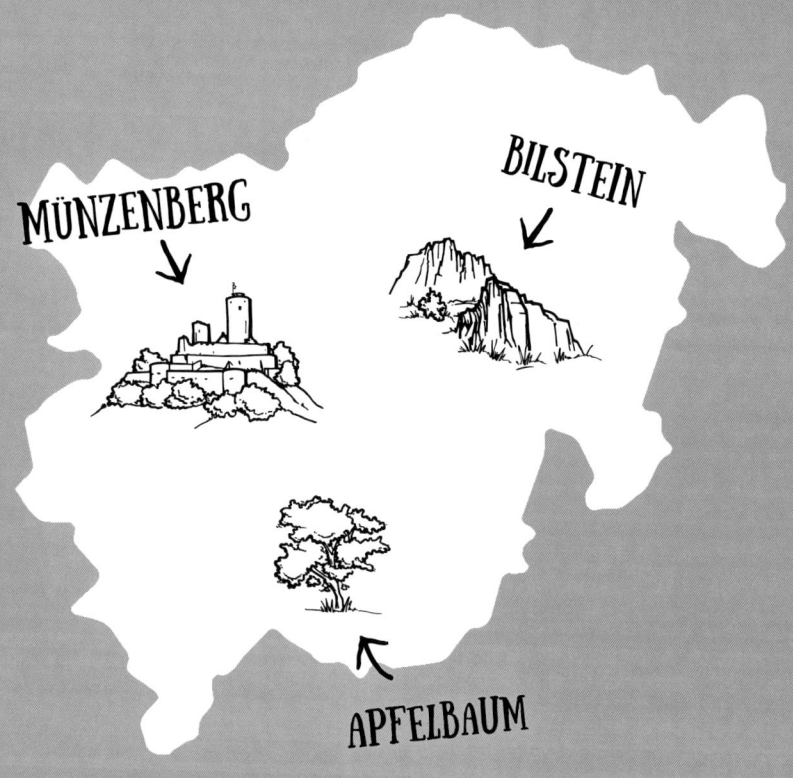

MÜNZENBERG

BILSTEIN

APFELBAUM

Ein- und Überblick

Karten für den schnellen Überblick, praktische Tipps, mehr über die Autorin sowie ein Ortsregister zum schnellen Nachschlagen gibt es auf den folgenden Seiten.

GPX-Download aufs Smartphone – so geht's

Voraussetzung:
Eine Outdoor-App muss installiert sein, z. B. KOMPASS,
Outdooractive oder Komoot. Zum Einlesen des QR-Codes
benötigen ältere Android-Geräte eine QR-Code-App. Bei
neueren Android- und iOS-Geräten ist diese Funktion in
der Kamera integriert.

Daten downloaden:
1. Den QR-Code einlesen oder die Webadresse im Browser
   eingeben, um auf die Eskapaden-Website zu gelangen.
2. Die gewünschte Tour zum Download anklicken.
3. Bei IOS-Geräten werden die GPX-Daten direkt mit der
   vorab installierten App verknüpft. Bei Android-Geräten
   muss ggf. noch ein Weiterleiten-Button geklickt werden (z. B. oben rechts im Display). Manche Apps
   zeigen den Tourverlauf starr an, andere haben eine
   Navigationsfunktion dabei.

Tourenverlauf

GPX-Daten zum
kostenlosen Download
www.dumontreise.de/
eskapaden/
wetterau-vogelsberg

short.travel/1twxq

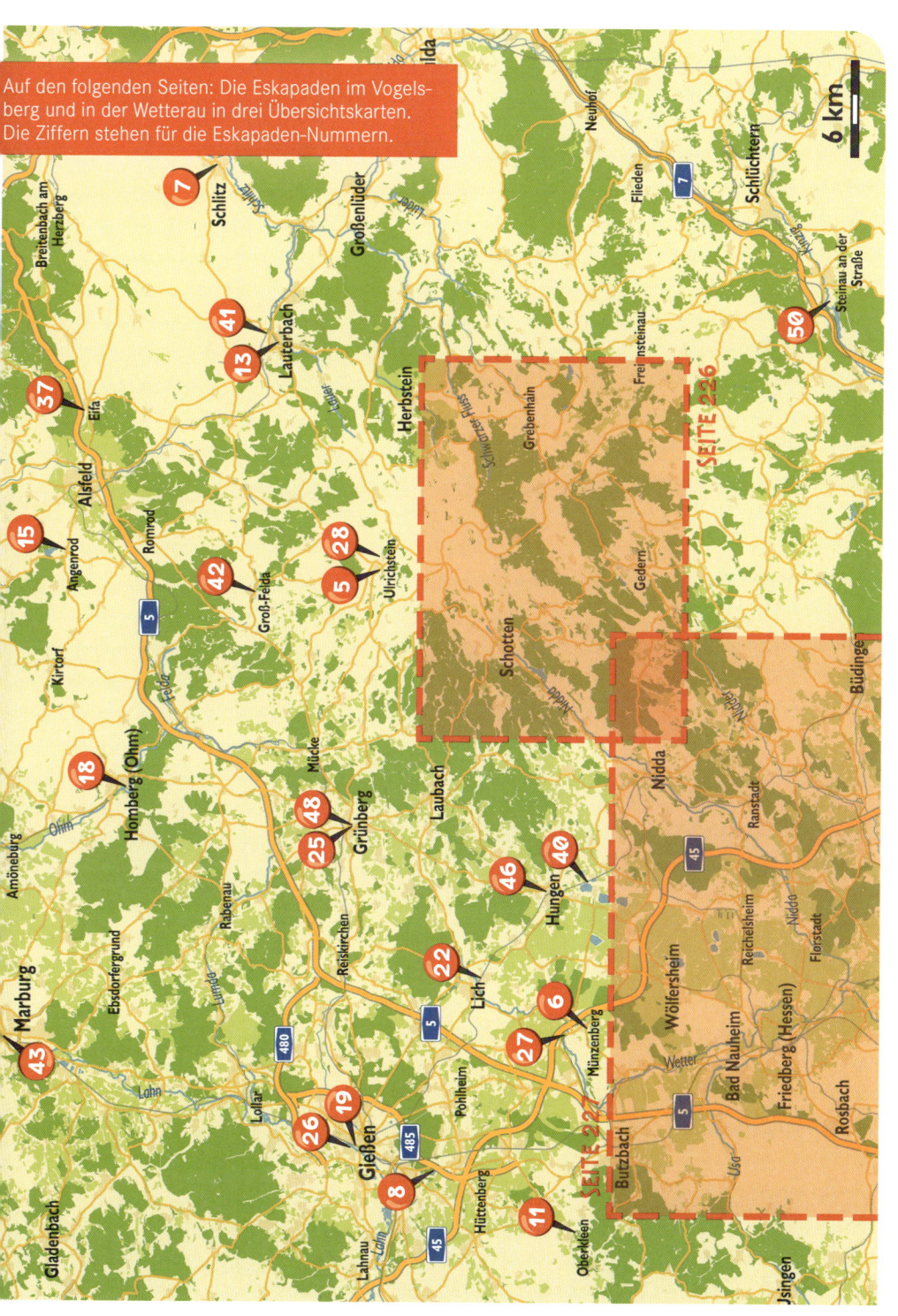

Auf den folgenden Seiten: Die Eskapaden im Vogelsberg und in der Wetterau in drei Übersichtskarten. Die Ziffern stehen für die Eskapaden-Nummern.

6 km

SEITE 226

SEITE 227

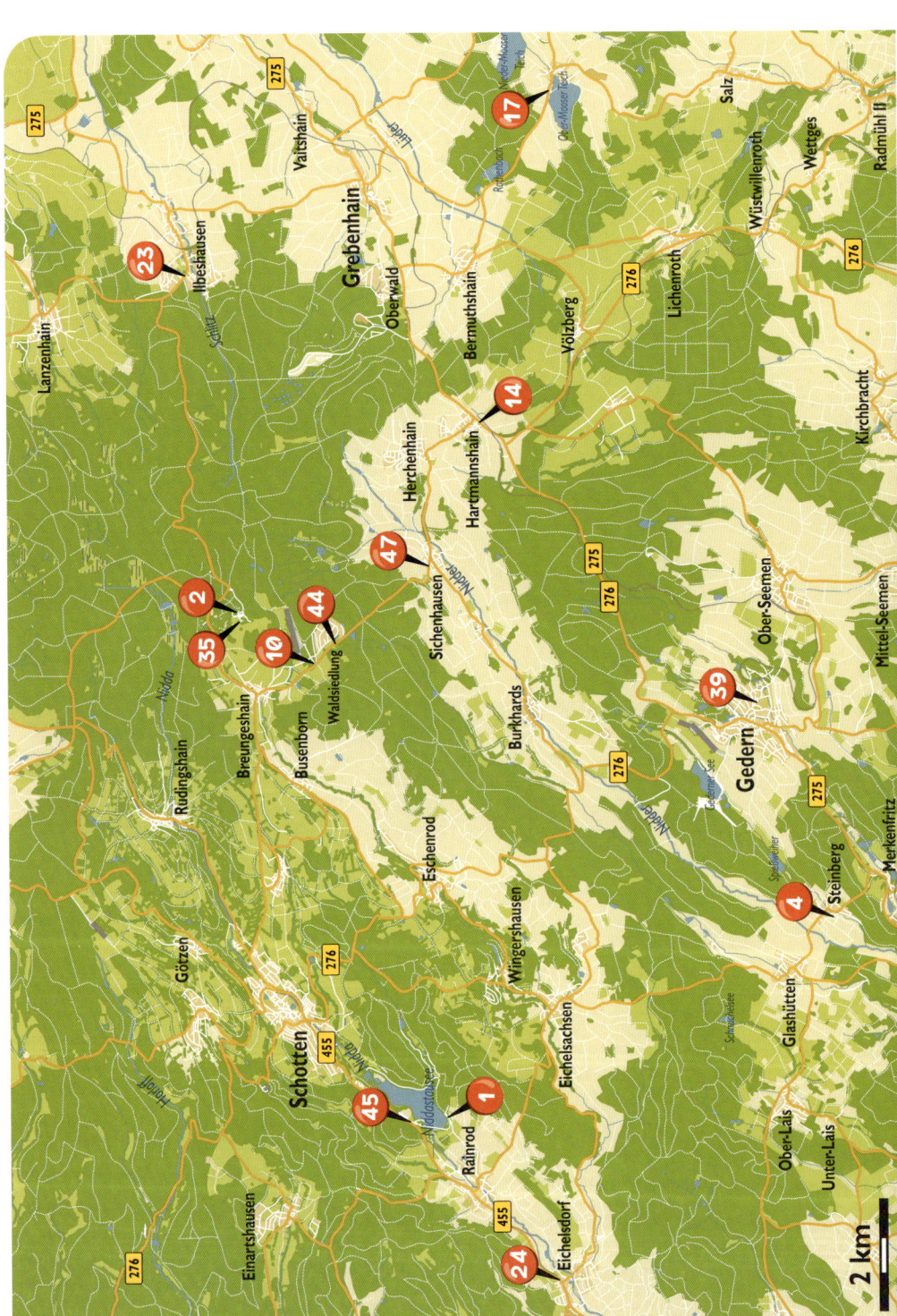

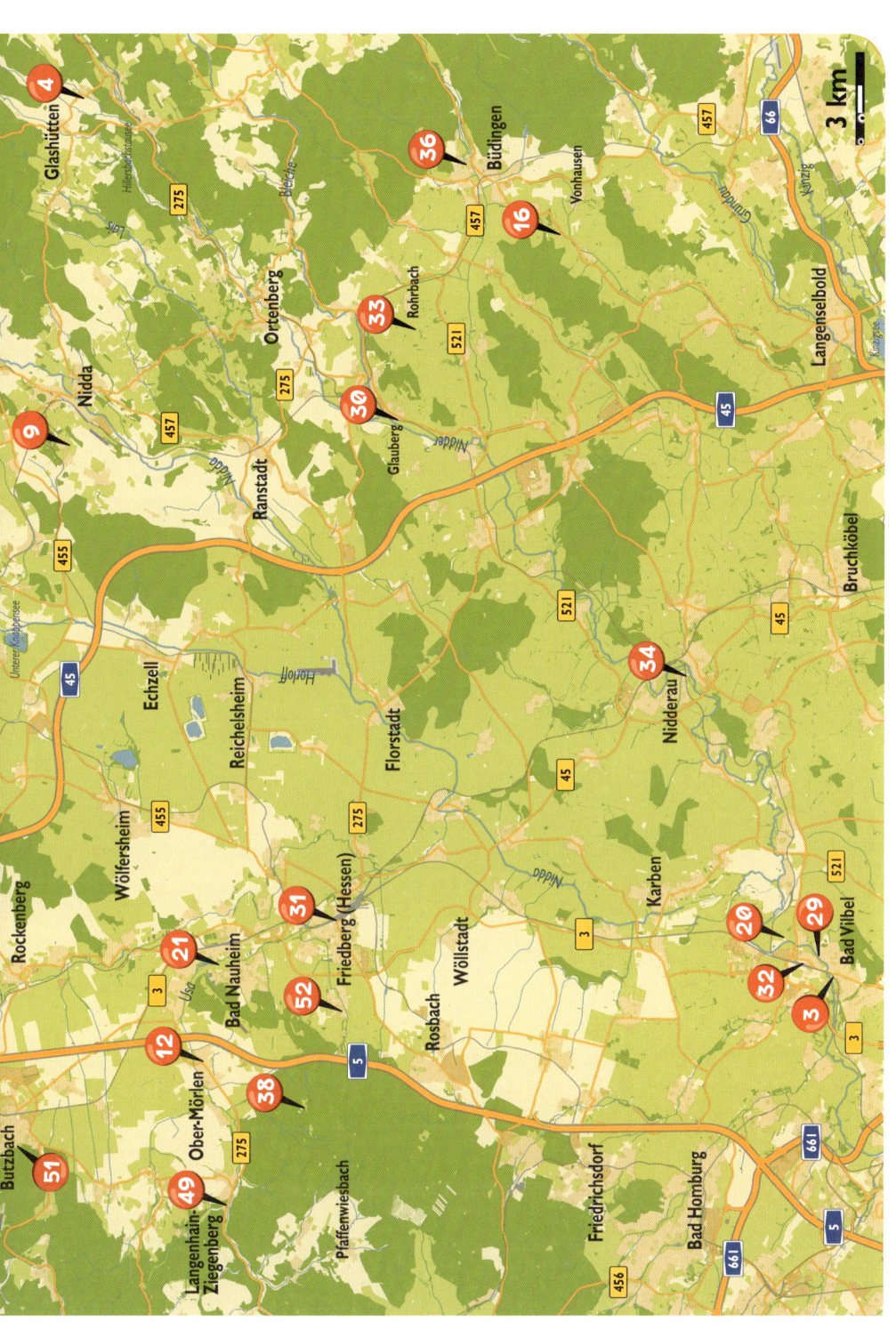

NOCH MEHR ESKAPADEN ...

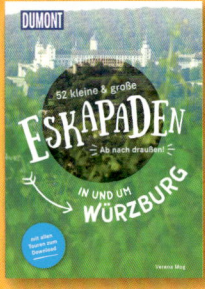

ISBN 978-3-616-11001-1

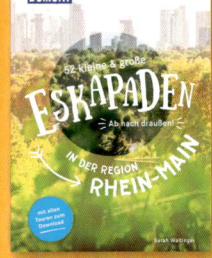

ISBN 978-3-7701-8091-2

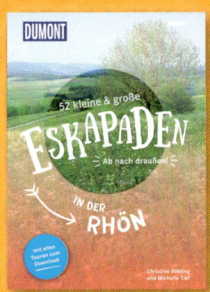

ISBN 978-3-7701-8099-8

Felix, Kirsten, Susi und Mona – mit euch als Kontaktpersonen wird selbst das verrückteste Jahr zum unvergesslichen Abenteuer.

... Danke euch allen für die Unterstützung!

IMPRESSUM

Reihenkonzept Monique Sorban

Projektmanagement Svenja Heinle

Cover-/Buchgestaltung & Illustrationen Carolin Weidemann, Köln, www.weidemann-design.com

Umschlagproduktion, Lektorat & Buchproduktion Verlagsbüro Wais & Partner (Meike Diekmann, Julia Rietsch, Kai Wieland), Stuttgart, www.wais-und-partner.de

Text & Fotos Sandra Kathe, Frankfurt am Main, www.kofferstiftpapier.de; mit folgenden Ausnahmen: Felix Hormel, Frankfurt am Main, www.gude-felix.de (S. 5, 171., 59 u., 126, 171 l., 172 r., 231)

Kartografie © KOMPASS, Innsbruck, unter Verwendung von Kartendaten von © OpenStreetMap-Mitwirkende, Lizenz CC-BY-SA 2.0

Hinweis Alle Informationen wurden mit größtmöglicher Sorgfalt geprüft. Infolge der Corona-Pandemie kann es allerdings zu kurzfristigen Geschäftsschließungen und anderen Änderungen vor Ort gekommen sein.

Printed in Poland

1. Auflage 2021
© 2021 DuMont Reiseverlag, Ostfildern
ISBN 978-3-616-11015-8

www.dumontreise.de

FSC
www.fsc.org

MIX
Paper from
responsible sources
FSC® C139602

love
Freiheit.

Geschmacks- sachen

Ost und Gemüse frischer als von den Feldern und Wiesen der Wetterau? Keine Chance! In etlichen Hofläden gibt's die frischen Früchtchen zu kaufen, oft auch am Straßen- und Wegesrand zum Wegnehmen und Geldeinwerfen (Eskapaden #12, 20, 29).

Weiterlesen

Auf der Suche nach aktuellen Informationen und Wegupdates führen alle Wege auf die Website des Naturparks Vogelsberg (www.vogelsberg-touristik.de). Hier gibt's alle Hintergründe zum größten erloschenen Vulkanmassiv Europas und Termine für geführte Wanderungen. Auf der Seite tourismus.wetterau.de gibt es Infos und Termine aus dem Süden der Region.

Ohne Auto

Vom 1. Mai bis zum letzten Sonntag im Oktober fahren neben den Bahnen in der Region an Wochenenden und Feiertagen die Busse des Vulkanexpress inklusive praktischer Fahrradanhänger quasi in jeden Winkel des Vogelsbergs. In Wetterau und Gießener Land gibt es sehr regelmäßig Linienbusse. Infos und Netzpläne unter www.rmv.de

GUT ZU WISSEN ...

Sicherheit & Notfälle

Da kann das Funkloch noch so tief sein: Die Notrufnummer 112 hat zum Glück Vorfahrt und funktioniert so – in Notfällen – zum Glück so gut wie überall.

Vor Ort im Netz

Viele weitere spannende Orte im Vogelsberg finden sich im Vogelsberg-Blog (www.vogelsberg-blog.de) und unter dem Hashtag #vogelsbergliebe. Inspirationen zum Rest der Region gibt's etwa unter www.hessen-tourismus.de oder www.grimmheimat.de

ESKAPADEN-REGISTER ...

⊰ Alle Orte mit Seitenverweisen ⊱

SANDRA KATHE

⯈ ... über die Autorin ⯇

So groß ihre Liebe zur Stadt auch sein mag: Die Wahl-Frankfurterin zieht's immer wieder raus in die Natur. Am liebsten in duftende Blumenwiesen, bunte Herbstwälder, ans Wasser und – als Pfälzerin vermutlich eine genetische Angelegenheit – in die Weinberge. Wie mühelos die Gegend in Oberhessen das alles vereint, hat während der Arbeit am Buch für echte Liebeserklärungen gesorgt.

Hier auf Abenteuersuche zu gehen war für Sandra Herzensangelegenheit und die Geschichten darüber zu erzählen eine große Ehre. Die Stadt langfristig verlassen würde die Journalistin zwar nie – aber zu wissen, dass Naturparadiese so nah sind, hält einem ja alle Türen offen.

Den Gipfel stürmen

Eskapade #10: Man muss gar nicht der offiziell Größte sein, um zu glänzen: Der Bilstein beweist's. Wer sich im Wald auf die Suche nach dem felsigen Basaltgipfel macht, den erwartet an seinem Fuß eine Kletterpartie.

Welche Vorurteile?

Eskapade #19: Gießen ist bunt – vor allem seit sich zahlreiche Street-Art-Künstler der Stadt angenommen haben. Entlang ihrer Kunstwerke geht's auf eine abwechslungsreiche Stadtführung und zu immer wieder neuen Überraschungen.

5 BESONDERE EMPFEHLUNGEN ...

Wie Phönix aus der Asche

Eskapade #38: An der Schwelle zwischen Wetterau und Taunus haben Mensch und Naturkatastrophen eine ganz schöne Verwüstung hinterlassen. Doch wer am Winterstein in die Wandertour einsteigt, kann auch der Natur beim Regenerieren zuschauen.

Baden mit Aussicht

Eskapade #28: Im wahrscheinlich höchsten Schwimmbecken Hessens lässt sich ein entspannter Sommertag so richtig genießen. Erst Picknick, dann Sonnenbad mit einem guten Buch und jetzt nichts wie rein ins kühle klare Wasser des Naturbadebiotops!

Vom See zur Quelle

Eskapade #45: Man könnte ja wirklich stundenlang auf der Staumauer der Niddatalsperre stehen und einfach in die Ferne starren ... Dabei lohnt sich das Weiterlaufen gerade hier. Wer der Nidda nach Nordosten folgt, findet an ihrer Quelle einen magischen Ort.